小学館文庫

野村の実践「論語」

野村克也

野村の
実践「論語」

目次

まえがき「阪神の謎」

私は、これまで何冊かの本を書いてきた。書くにあたって、現役引退後に読んだ多くの本から学んだことが役に立った。そんな私の本を読んだある人が私にいった。

「監督は、『論語』を勉強されたでしょう。いつも手元において読んでいるんですか。監督の口にされることが、ずいぶん『論語』に重なるんですよ」

たとえば——

「過《あやま》てば即《すなわ》ち改むるに憚《はばか》ることなかれ」「君子《くんし》は泰《ゆた》かにして驕《おご》らず。小人《しょうじん》は驕りて泰かならず」「奢《おご》れば則《すなわ》ち不孫《ふそん》、倹なれば則ち固《いや》し」「故《ふる》きを温《あたた》めて新しきを知る、以て師と為《な》るべし」

幾度か論語を手にとってみて、人並みにこの程度は知っていたから、「そうですか」とだけ答えておいた。

しかし、私の話す内容が『論語』を元にしているのではないかという人がそれからも幾人か現れた。

「論語読みの論語知らず」というが、私の場合は逆で、『論語』と真剣に対したことがないのに、現代の日本でどこか通じているものがあるのか。そのことが気になり始めた。実際に熟読することを私に勧めた人は、いった。

「『論語』の一節一節が、監督なら、ひとつひとつうなずけるはずです」

それから彼は私に教えた。

わずか一行か二、三行、どこを開けてもいいから、声に出して読んでください。二、三度繰り返します。よくわかりません。また開いて読んでみてください。いつか胸にすとんと落ちるときが必ず来ます。監督のように勝負の世界に生きている人だけでなく、組織に生きるサラリーマン、自営業、あるいはひとりでこつこつと学問を続けている人にも『論語』のフレーズは本当に胸に残るんです、と。

そういわれて、私は『論語』を改めて手にしてみた。

二千五百年前から生き続けてきた、中国の思想家の人生訓は何を伝えているのか。

そしていきなり驚かされた。私が阪神という球団を引き受けるにつけて考えていたときの思いが言葉になって表されていたのだ。

あるとき、戦国のまっただなかに生きた孔子は、弟子に尋ねられる。

国家が、信義と軍備と食糧のうち、いずれかを捨てなければならない事態になったとき、どれを捨てるべきでしょうか。

孔子は答える。軍備、次に食糧です。最後まで守らなければならないのが信義です。

戦乱の時代だがそれでもなお、軍備より食糧より、信義が大事だと答えたのだ。

「信なくば立たず」

もとは人民の信義を得られなければ国は成り立たないという意味だろうが、現代に生きる誰にも思い当たる。

たとえ小さなグループの長でも、部下の信を得られなければ組織は成り立たない。

長でなくとも、人間関係の最少単位で考えてもよい。信義がなければ友情も連帯も育たない。

阪神はなぜAクラスに入れないか。

その謎がずっと胸にひっかかっていた。ファンもそうだったに違いない。

私は「組織はリーダー次第」とよくいっていた。

それは、「組織はリーダーの力量以上には伸びない」ということでもあった。

阪神という球団は、そもそも指導者と選手のあいだに信義がなかったのだ。

指導者は監督であり、さらにオーナーである。オーナーと監督のあいだに信義があるのか。オーナーと選手のあいだはどうか。

相互に信がないから、Aクラスにも入れない。信がないから、組織が機能しない。そもそもリーダーに信を育てようとする理念がない。だから、選手は強く執着心をもって勝とうともしない。

阪神を引き受けて、当時の久万《くま》俊二郎オーナー、阪神電鉄の手塚昌利社長と面談した。

私たちは困難な問答になった。

私はまず、「監督が変わればチームが変わる（強くなる）という原則がありますが、現代は、野球の本質、戦略、技術論などは出つくしています。それを考えると監督を変えるだけでは、昔のように簡単に勝てるチームづくりができなくなっています」といった。

そして続けた。

「いまの野球はお金がかかるんです。ドラフトからFAから、途方もないお金がかかる。そうしてしまったのは各オーナーのかたがたですが、それはさておき、何よりも選手は年俸で評価されるんです」

当時、阪神の総年俸は巨人の十分の一だった。

何をいいたかったか。監督の技術戦略などではない、組織は中心がいないと機能しない。それを訴えた。

監督に招かれたときに久万オーナーと約束した。エースと四番を獲《と》ってくれ。だが、そうはならなかった。すべてのチームが松坂大輔奪りを競ったが、阪神は早々と断念した。「抽選で当たっても、どうせ松坂は来てくれないだろう」

私は延々三時間半に及んで組織について話した。

いまにして思えば僭越《せんえつ》ながらも私は『論語』の一節を、身を以て語っていたのか。

「信なくば立たず」

バース、オマリー、田淵。阪神が育てたわけじゃない。獲得したにすぎない。

長嶋、王、原も巨人が育てたわけじゃない。これもすでに十分な力を持っていた選手を獲得してきたのだ。当時、自前で育てたのは近鉄が中村紀洋《のりひろ》、ヤクルトが岩村明憲《あきのり》、横浜が多村仁《ひとし》、それぐらいなものだった。

私はカネのことをいったのではない。組織をつくる心構えを説明した。

阪神に来て、まずオーナーと監督のあいだに信をつくる。オーナーと選手のあいだに、年俸を柱にした信をつくる。それによって、監督と選手が信を生む。信があると立つ。

初めは煙たそうに聞いていた久万さんも手塚社長も後日、スタッフを介して「野村のいうことはいちいち腹が立ったけどね、冷静によく考えてみると、いっていたことはすべて正しいね」と話されていたそうだ。

事実、それから短期間にスタッフ、スカウト、編成部員が大幅に入れ替わった。万年Bクラス、Cクラスの阪神がぬるま湯の体質から脱するのは、このときからだった。

この三者の会談から、阪神球団は変わった。

浅学の私に孔子がいかなる人物であるのか知ることは少ない。戦国の世から立った聖者であろう。だが、血も通い涙も流した。机上で、世のしくみ、人間のありさまを学んだわけではなく、町々村々を放浪し、やがて慕うように弟子が集まったという。

為政者《いせいしゃ》はまず己れを正して民に臨むべし、と孔子はいった。為政者とは、リーダーである。さすれば、人は信をもって集う。突きつめていえばそういうことになるのか。私にはよくわからない。しかし、一刻も怠ることなく修養を積んだ人には違いないだろう。

『論語』とは、そういう人の果てなき苦難と修養の末のしずくなのかもしれない。

言葉と知恵と教えの宝庫である。

知人に導かれるようにして、きちんと学んでみようと論語を手に取った。知恵と教えの宝庫のなかに、五つのキーワードがあるのがわかった。仁・義・礼・智・信である。難しいことは何もない。字のとおりの意味である。仁は、思いやる心をいう。しかもこの宝庫はわかり易い。学校で漢文として教わるから、妙にとっつきにくいと思っていただけなのだ。「巧言令色《こうげんれいしょく》、鮮《すく》なし仁」「義を見て為《せ》ざるは勇なきなり」

孔子は高い理想を抱いた。しかしそれがなかなか実現できない。誰も理解してくれない。そう思い続けた人だった。孤独で、いつも身のまわりに誰かいてほしいと願い、悲哀をかかえていた。『論語』は、そんな生身の人物の心と体から滲《にじ》みでてきた言葉だった。本文でも触れるが、私がことあるごとに話す言葉がある。人生という二文字から何を考えるか。次の四つの解釈にひろがる。

人として生まれる——運命。
人として生きる——責任と使命。
人を生かす——仕事、チーム力。
人を生む——繁栄、育成、継続。

『論語』がこの「人生という言葉の四つの解釈」をいっているわけではない。しかし生まれてきたからには、己れ自身も仲間も使命を抱き人間を磨いて成長しよう。孔子が弟子たちに語りかけた言葉の重みはこれに尽きる。しかもすべて日常生活に根づいた教えである。

いかにすれば組織のなかで成長できるか。この実践のヒントを得ることができます。日々勝負の世界で考えてきた『論語』を私と一緒に味読してみてください。

本書は、２０１０年11月に小学館より刊行された『野村の実践「論語」』を文庫化したものです。登場する方々の肩書きや年齢、チームの戦績やデータなどは、２０１０年10月当時のものです。

第一章

絶え間なき自己研鑽が人間力を育てていく

野村の言葉

人生論を確立させてこそ、本当にいい仕事ができる。その人生論を確立するために大切なのは「目」「頭」「感性」の三つである。

論語●学而《がくじ》 第一●

子曰《しい》わく、学びて時にこれ習う、亦説《またよろこ》ばしからずや。朋《とも》有り、遠方より来たる、亦楽しからずや。人知らずして慍《いか》らず、亦君子《くんし》ならずや。

子曰、学而時習之、不亦説乎、有朋自遠方来、不亦楽乎、人不知而不慍、不亦君子乎、

【通解】
先生はおっしゃった。

「ものごとは、しかるべきときに学んで、あとでおさらいの練習をする。そうすると体が覚えます。なんとありがたいことでしょう。また、学んで練習をしていると、遠くからでも友だちがみんなそろってやって来てくれる。これもうれしいことです。みなと一緒に学んで練習し、喜び合える。ただし、他人が自分を認めてくれないこともあります。しかし、そんなことは気にしないで精進していれば、いずれの日か必ず、学問や練習を成し遂げた大いなる指導者、人格者と呼ばれるようになります」

古田敦也《あつや》（現・スポーツキャスター）がヤクルトに入団してきたのは一九九〇年だった。打撃は二流、リードは三流、肩だけが一流だった。キャンプで、捕球してから二塁に送球するまでの時間をストップウォッチで計測したところ、のちに、外野にコンバートしてゴールデングラブの常連となる飯田哲也（現・ヤクルト一軍守備走塁コーチ）と並んで抜きんでた数字だった。

その時点で、ほぼ古田を正捕手に決めた。だが、開幕から各球団との対戦が一巡するまでは正捕手の秦《はた》真司（現・BCリーグ・群馬ダイヤモンドペガサス監督）でいくことにした。大学、社会人を経験しているとはいえ、プロに入って一年目の開幕からいきなりレギュラーをもらったのではプロを甘く見てしまう。捕手という仕事の難しさもあるが、彼の人生にとってもよくないと思ったからだ。

そうして古田はしかるべきときに学び、あとでおさらいの練習をよく繰り返した。「目」「頭」「感性」を磨き、〝己れ自身の人生論〟を確立する努力を続けた。これがあの頃の古田にとって生きる意味だったのだ。

「目」とは、自らの〝目のつけどころ〟。他人の評価ばかりを気にしていてはいけない。さらに、負けじ魂・貪欲な向上心・ハングリー精神を胸に抱きつつ、思考し工夫する「頭」と「感性」を養うと、遠くからでも友がやって来る。互いに喜び合える。するとやがて指導者になれる。古田がひとつの例だった。

ところで、私がプロ野球選手を終え、評論家として新しい人生をスタートさせたのは、一九八〇年のことだった。野球以外に何も知らない私は、どうやって食べていこうかと不安にかられていたが、幸いなことに、テレビ、ラジオ、新聞社などさまざまなメディアから、野球評論家としての契約の話がきてホッとしたものだ。

それればかりではなかった。意外だったのは講演の依頼が殺到したことだった。だが、正直いってどんなことをしゃべっていいか途方に暮れるばかりだった。わけ知り顔で話したくない。社会の仕組みを自分の直感でいうわけにはいかない。

さっそく、師と仰いでいた草柳大蔵《だいぞう》先生に相談したところ、「あなたは野球の話をすればいい。机に向かって勉強した知識ではなく、あなたはすばらしい体験をされている。その体験を話してあげなさい」というアドバイスだった。

とはいえ、人前でしゃべるのは苦痛だった。そんななか始めたものの、円形脱毛症までできてしまった。そこで無知無学を痛感し、本を読み漁《あさ》った。心に響く言葉があれば、赤線を引き、メモをとった。私が評論家時代の九年間に読んだ本は膨大な冊数に及んだ。

すると、不思議なことに講演が苦痛ではなくなっていった。慣れたことも一因だったと思うが、本で得た印象的な言葉が、ふとしたことで口をついて出てくるようになったのだ。真剣に仕入れた情報は、必要なとき、きちんと左脳から飛び出してくる。

ある意味で、私が人生論らしきことを語れるようになったのは、この評論家時代の積み重ねがあったからなのかもしれない。

評論家をやったことは、自身にとっていい経験だった。選手や監督で経験したことを独自の野球哲学としてまとめあげることができたし、さらに日本語（漢字）の勉強になった。そして、そのとき新たに培われた「目」「頭」「感性」が、後に監督をやるうえでおおいに役立つこととなり、監督をすることで、より多くのことを知ることとなった。

結局、人は一生学び続けていくものなのだ。

野村の言葉

人間社会において、天才型と呼ばれる人物はほんの一握りにすぎず、大半は努力型が占める。

論語●学而 第一●

子曰く、君子は食《しょく》飽《あ》くことを求むるなく、居《きょ》安《やす》きを求むるなく、事に敏《びん》にして言《こと》に慎み、有道《ゆうどう》に就きて正す、学を好むと謂《い》うべきのみ。

子曰、君子食無求飽、居無求安、敏於事而慎於言、就有道而正焉、可謂好学也已矣、

【通解】

先生はおっしゃった。

「君子と呼ばれる、学問をこころざしたり練習を積み重ねる立派な人物は、空腹を満たして腹いっぱいになったり、住まいに安逸、快適を求めてはいけ

ません。動きはたえず鋭敏に、発言は慎重に、そのうえ、徳のある人、これまでよく学んで成果をあげてきた人につき従って批判を求めるものです。

　そういう態度でいる者は、学習、練習を好む人と診断していいでしょう」


　才能だけで成功をおさめている野球選手は皆無に等しい。少しの才で腹をいっぱいにしてしまった者は長続きしない。たとえば、素振りのような単純な作業を続けるのはまったくおもしろくないし、ただただつらいだけである。それもすぐに効果があるのならいいが、いつになったら成果が出てくるものやらわからない。

　それでも私はひたすら努力を続けた。故郷に錦を飾って、母に少しでも楽をさせてやりたかったからだ。努力は報われた。ある程度の結果が出せるようになると、苦しみだと感じていたことに対しても興味が湧き、さらに好奇心へと発展するという好循環が生まれ、いつしかレギュラーの座に手が届いていた。〝努力に即効性なし〟と認識することだ。一般の社会においても同じである。成功したり、自分の夢をかなえた人のなかで、天才型と呼ばれる人物はほんのひと握りにすぎず、大半は努力型が占めている。ただし、努力するにもセンスが必要であることを忘れてはならない。そのセンスは「感じる」「考える」ことでのみ磨かれる。

野村の言葉

経験を基礎に歳を重ねてこそ、人はより高い境地へとのぼっていける。

論語●為政《いせい》第二●

子曰わく、吾《われ》、十有《ゆう》五にして学に志す。三十にして立つ。四十にして惑わず。五十にして天命を知る。六十にして耳順《みみしたが》う。七十にして心の欲する所に従いて、矩《のり》を踰《こ》えず。

子曰、吾十有五而志乎学、三十而立、四十而不惑、五十而知天命、六十而耳順、七十而従心所欲不踰矩、

先生はおっしゃった。

「私の来し方、過ごしてきた要所要点を話しましょう。

私は十五歳のときに、高い学問を身につける意思をかため、三十で基礎を

つくりました。

四十になって、己れの向かってきた道は間違ってなかったと自信を深めました。

五十を越し、これまでの学問、積み上げてきた練習、技術、思考は天から己れに与えられた使命だったと強く思うようになりました。運命ともいえます。

そして六十になり〈耳順う〉。他人の言葉や、伝えようとしている意味がすなおに聞けるようになったのです。人は多様に生きています。人を否定したり、反発してはさらにこの先、進歩はないと思いました。

しかし、この歳七十になってさらに違う境地を得ました。自分の心の向くまま、欲するとおりに思い動いても、人の世の規範や、人間の法則を超えない自信が湧いたのです。思えば、生涯一学問、一書生を志した人間でありました」


現役時代、〝生涯一捕手〟として生きてきた私が、監督をやってわかったことがある。選手時代に悩んだり苦労しなかった選手、創意工夫をせず頭を使わずにプレーしてきた選手はコーチになってもろくな指導ができないということだ。

「若いときの苦労は買ってでもしろ」といわれる所以《ゆえん》である。

たとえば、選手が相手ピッチャーを打てなくて悩んでいても、「ヘッドが下がっている」「バットが下から出ている」程度のアドバイスすらできず、選手は困ってしまうばかりなのだ。

そもそも指導者に求められるのは、選手にどう実践力をつけさせられるかである。

「おれの現役のときは、こういうタイプのピッチャーにはこう対処した。おまえも一度やってみんか」

そんなアドバイスができるようになるには、やはり選手時代からしっかり考え、悩み、苦しんでおかなければならない。

私が選手ともいえないブルペン捕手となった一年目、広島の呉《くれ》キャンプでプロ野球選手のボールを初めて受けることになった。

ある日、一軍の練習中にボーッと立っていたら、「おい、そこのカベ（ブルペンキャッチャー）、こっちへ来い」と呼ばれた。声の主は、当時、南海の左腕エースだった柚木進《ゆきすすむ》さん。投球練習の相手をしろというのだ。私は緊張のあまりガチガチになり、悪返球を連続し、五球と続かず交代を命じられた。また、後日の練習ではノーサインでカーブを投げられ、うまく捕球できず、ボールを胸や足で受けてばかりいた。柚木さんは、それを見てクスクス笑っていたが、私は意地の悪い人だと思いながらも、

「これがプロの球だ」と教えてくれているような気がした。

　私のプロ野球選手としての人生はそんな惨めな体験から始まったが、その後、恥ずかしくない成績を残すことができたのは、この原体験があったからこそだと思っている。

　体験のなかにこそ、アドバイスに値する方法がある。

　野球に限らず、どんな職業においてもいえることだ。いいものをつくる、あるいはいい結果を出すには、自分が得た経験が基礎になって、人はある境地に至る。それが指導する立場になったときに発揮される。

　この部下をどう指導したら活かすことができるか。部下の適性や適材適所はどこにあるか。自分が経験しておかないとわからないし、当然いい管理職になれない。

とはいえ、自分の経験を自慢たらしく選手に話し、頭ごなしに「だからおまえもやれ！」と怒鳴ったところで部下はついてこない。いたずらに「おれが若いときは……」と説いたところで相手にされない。最終的には、その人の人物そのものが観察されていることになる。過去の実績もさることながら、どんな境地に達しているかで人として尊敬されるかどうかが決まり、その人の指導力を決定づけるのである。
　四十、五十、六十、七十、年を重ねてより高い境地を得られるよう努力しなければならない。

野村の言葉

困難を超え、無形の力を自分のものとしてこそ、人は真理に向かう。

論語 ● 里仁《りじん》 第四 ●

子曰わく、朝《あした》に道を聞かば、夕《ゆうべ》に死すとも可《か》なり。

子曰、朝聞道、夕死可矣、

【通解】

先生はおっしゃった。

「朝に真実の道、真理を体得できたなら、夕暮れに死んでもなんの悔いはありません。乱世にあって、真理に到達しようと生きる道は困難です」

監督をやっていく原則のひとつに「無形の力をつけよ」を掲げていた。

無形の力とは、文字通り、形に出ない力のことである。あえていうならば、情報収集と活用、観察力、分析力、判断力、決断力、先見力、ひらめき、鋭い勘……ということになろう。この無形の力をつけてこそ、〝プロフェッショナル〟として、当たり前のことを当たり前にやれるようになり、周囲に認められる。

もちろん、この力は一朝一夕に身につくものではない。猛練習を繰り返すことで十分な体力をつくり、技術力アップに励み、さらには強靭《きょうじん》な気力を鍛えあげて初めて、「無形の力」を自分のものとできることを知らなければならない。

実力の世界であり競争社会であるが故に、当たり前のことを当たり前にやる、即ち人の何倍もの素振りを重ね、手のひらをまめだらけにして這い上がっていくしかないのだ。

野球の世界に限ったことではない。どんな社会でもこの「無形の力」を備えたプロフェッショナルが求められている。もって生まれた力だけで人に認められることはない。自らを磨き、鍛えてこそ、次のステップへと道は続いていく。

道は決して楽ではない。とても困難なものだが、いつか「無形の力」による真理を得られれば、いつ死んでも悔いがないではないか。真理に向かっていって初めて自己実現が可能となる。

野村の言葉

人間は他人の評価で生きている。

論語●里仁　第四●

子曰わく、位なきを患《うれ》えず、立つ所以《ゆえん》を患う。己《おの》れを知ること莫《な》きを患えず、知らるべきを為《な》すを求む。

子曰、不患無位、患所以立、不患莫己知、求為可知也、

【通解】

先生はおっしゃった。

「小人、至らぬ者は、偉くならない、席をあたえられない、と地位の低いことばかりを嘆きがちです。しかし、そうではいけない。地位を得るだけの力がないことを嘆かなければなりません。己れを認めてくれる人がいないこと

> を憂える。そうではいけない。人から認められる力をつけることを求めなければなりません」

野球は七割以上がピッチャーによって左右される。ピッチャーがよくて相手のチームを〇点に抑えれば、少なくとも負けることはない。したがって、監督にとっては投手陣の整備がチームづくりの最大のテーマとなる。

だが、それだけではチームは完成しない。本当にいいチームをつくろうと思えば、「中心選手」が必要となる。そして、それは野手のなかから現れるのが理想だ。

どんなにすばらしいピッチャーがいても、登板するのはせいぜい一週間に一回だ。それではシーズンを通しての〝中心〟とはなりえない。やはり、常に試合に出ている野手のなかから「中心選手」を育てていくべきなのだ。

私が楽天で監督をしていたとき、「中心選手」となりうるひとりとして、山﨑武司を考えていた。彼は、中日、オリックスで苦労を重ねてきた。楽天にたどりついて見事に再生した。多くの評論家は「終わった選手」と評していたが、私は、彼の天才的なバッティングセンスを高く買っていた。埋もれて終わらせるのはもったいない。

彼は、性格的にもよく気がつくし、礼節を重んじる人柄だった。そのことにも好感をもてた。ときおり、たるんでいる若い選手をベンチ裏に呼びつけ、説教する姿も目にしていた。そういう姿を見るにつけ、「自分がチームを引っ張っていかなければならない」という自覚も感じられた。

およそ、組織の団結力は、監督やコーチが上から押しつけてもなかなか強化されるものではない。肩書きのない選手が自発的に発言したほうが周知徹底され、根づいていく。山﨑はチームの最年長でもあり、「中心選手」となる可能性を秘めていたのだ。そこで私はちょっとしたテストをした。三点ビハインドの九回裏、山﨑が先頭打者の打席に入った。走者をためたい場面である。カウントは〇－二、通常なら「待て」のサインを出すところだ。だが、私はあえて「待て」のサインを出さなかった。山﨑の判断に任せた。

山﨑は三球目、打ちに出た。ボールは幸いなことにファウルになったが、実は、私はそのとき「待て」のサインを出さなくても自発的に待ってくれると信じていた。大ベテランであり、三点リードされての最終回を考えれば、常識的に待つ場面である。山﨑もしょせん現代っ子か、頭を使った野球、チーム優先の考えで取り組んでこなかったのだろう。指示待ち族なんだなあと思った。自由奔放な野球をやってきたということである。

平凡な選手なら、私も「待て」のサインを送っていただろう。だが、将来、チームリーダーになれるかもしれない選手である。それぐらいの判断はしてほしかったのだ。だが、彼は打ちに出た。もちろん、「待て」のサインが出ていない以上、自由に打っていいのだが、そこで仮にホームランを打ったところで、点差はひとつ縮まるだけである。かえって、相手バッテリーの気が引き締まり、こちらの分が悪くなる可能性もある。しかも、一球目、二球目とも大きく外れる完全なボール球だった。ここはじっくり球を見極め、なんとか出塁して、走者をためて、プレッシャーを与えるべきシーンだった。相手がこの場面で一番いやなことは四球で走者を出すことなのである。

もちろん、私はいまでも山﨑のことは評価しているし、これからまだまだ人間としても伸びていくと思う。見込みがあるからこそ、厳しいこともいうのだが、このように、人は思わぬところで自分が見られていることを知ってほしい。そして、「人間は他人の評価で生きている」ということを理解してほしい。

そもそも、自分に対する評価はどうしても甘くなる。自己評価なんて、自己愛に満ち満ちたもので百害あって一利なしだ。そんなものは、とっとと頭のなかから消し去ってほしい。認められないからと愚痴をいっても何も解決しない。それより、認められるだけの姿勢や力をもっていないことを自覚すべきだ。その自覚があると客観的に人に認められる力が必要だと理解でき、評価が低いことを嘆いてばかりいる人間にはならない。

野村の言葉

目先の結果だけで人生を生きてはいけない。結果が出なくても仕方がないことがある。

論語●里仁　第四●

子曰わく、君子は義に喩《さと》り、小人《しょうじん》は利に喩《さと》る。

子曰、君子喩於義、小人喩於利、

【通解】

先生はおっしゃった。

「立派な道を生きている者は大義道理をよく体現し、つまらぬ小人は、利益ばかり追う」

私は、バッターボックスに立ったとき、技術だけで対応しようとした選手を「何考えてるんや」と叱り飛ばしたことがある。しかし、勝負しにいって裏目となったとき、あるいは、じっくりと考えた結果、変化球を狙ったのに、まっすぐが来て、手も足も出ないまま見逃し三振をして帰ってきた。そんな選手は絶対に叱らなかった。

それどころか、「勝負したんだろう?」「勝負に負けただけじゃないか」「勝つか負けるかなんだ、恥ずかしいと思うな」となだめることが多かった。

管理する者は、絶対に結果論で部下を叱ってはいけないということだ。

もちろん、根拠もなく勝負して負けてくる選手には、「そんなのは勝負とはいわない、ヤマ勘だろう」と叱ることもあった。だが、しっかりした根拠があれば何もいわなかった。相手があることだから、結果が出なくても仕方がない。

見逃しの三振をしたら許さないという監督もいるが、そういう叱り方をするから、打者は見逃し三振をしたくないとマイナス思考になり、〝勝負〟できなくなる。

勝負＝賭けに出ることのない戦い方をすると、戦力の差が結果となり、弱者はいつまでたっても勝てない。

人生も同じだ。目先の小さな利益や結果だけを追いかけると、自分らしく生きていけない。良い結果が出なくても仕方がない、そう考えることも必要なのだ。

野村の言葉

人生の本当の価値は金や名誉を超えたところにある。

論語●雍也《ようや》　第六●

子曰わく、賢《けん》なるかな回《かい》や。一簞《たん》の食《し》、一瓢《ぴょう》の飲《いん》、陋巷《ろうこう》に在《あ》り。人はその憂いに堪《た》えず。回やその楽しみを改めず。賢なるかな回や。

子曰、賢哉回也、一簞食、一瓢飲、在陋巷、人不堪其憂、回也不改其楽、賢哉回也、

【通解】

先生はおっしゃった。

「顔回《がんかい》という男はなんと聡明なんだろうか。いつも竹の弁当箱一杯だけの飯、ひさごのお椀一杯だけの飲み物、そんな粗末な食事に、住まいは狭い路地の

奥だ。普通の人間なら、やりきれなくて憂うつになるのに、顔回はむしろこの暮らしが楽しみだといって変えない、貫き通そうとしている。まことにえらいなあ、顔回は」

孔子は顔回が質素な生活を楽しんでいることを誉め、「偉くなっても質素を旨《むね》とするのが賢者だ」と教えている。「人生の真の価値は損得を超えたところにある」ということだろう。私が、それを感じたのは、二〇〇三年から〇五年にかけて、社会人野球のシダックスの監督を務めたときだった。プロもアマも勝利を目的としている点では同じだが、プロの場合「個人成績を優先したほうが金になる」と考える選手も多い。

一方、シダックスの選手の給料はみんな同じで、一投一打で上がったり下がったりするわけではない。また、手にする金額もプロとは比べものにならない。にもかかわらず、いやそうだからこそ、一番から九番まで、ベンチにいるみんなが「チームの勝利」という、純粋かつ唯一の目標に向かって一丸となり、真摯《しんし》に自己研鑽《けんさん》に励むのだ。

私は、三年間、実に清々《すがすが》しい気分で采配をふるうことができた。同時に、プロの選手より、シダックスの選手たちのほうが豊かな人生を楽しんでいる気がした。

人生の本当の価値は金や名誉を超えたところにあるということだ。

野村の言葉

何かを成し遂げようと思う人は、進むべき道を楽しむ境地に至らなければ成功もない。

論語●雍也　第六●

子曰わく、これを知る者は、これを好む者に如かず。これを好む者は、これを楽しむ者に如《し》かず。

子曰、知之者不如好之者、好之者不如楽之者、

【通解】

先生はおっしゃった。

「人の道には深いも浅いもある。ものごとの存在や本然《ほんねん》のすがたを知っている人は、知らない人より勝《すぐ》れている。しかし、人の道を心から愛したり、楽

しんで受け入れている人にはかなわない。さらに人の道と一体となっている人、己れのものにした人、自己同一化した人にはもっとかなわない」

「好きこそ物の上手なれ」という。たとえ、何かをよく知っているという人も、それを好きだという人にはかなわないという意味である。そのうえさらに、何かを好きだという人は、それを心の底から楽しんでいる人にはかなわないということだ。

そういう意味では、何かを成し遂げようと思う人は、自分が好きな道を突き進むべきだし、さらにはそれを楽しむ境地に至らなければ成功もないということだろう。

私が、ここまで野球にかかわって生きてきたのは、やはり野球が好きだったからだ。だが、単に好きだったというだけではない。常に野球とは何か、勝つために何が必要かを問い続けてきた。その結果、世の中に存在するものにはすべて理があるということに気づき、理をもって戦うということを戦い方の根底にしてきた。

もし、ふだんから観察や洞察、あるいは考えるという行為をなおざりにしていたら、こうしたことに気づくことも、また、その真理を自分の内なるものとすることもできなかっただろう。野球も人生もまさに〝理〟で成り立っている。

その理を活かすのが、勝利への近道といえる。

野村の言葉

思考が人生を決定する。

論語●述而《じゅつじ》 第七●

子曰わく、道に志し、徳に拠《よ》り、仁に依《よ》り、芸に遊ぶ。

子曰、志於道、拠於徳、依於仁、遊於芸、

【通解】

先生はおっしゃった。

「人は生きる法則や万物に存在する道理を志し、その法則や理を身につけた徳、心構えを根拠とした仁徳に依存し、自由な気持ちで芸に身をゆだねる。これが肝要です。芸は六芸あり、深い素養、教養をいいます」

野球選手は、生きる法則や万物の道理を身につけて初めて、プロとしての心構えが会得できる。代表例が、現在、阪神で育成コーチをしている遠山奬志《しょうじ》だ。

彼は八代第一高校（現・秀岳館高校）を卒業して、一九八六年、ドラフト一位で阪神に入団した。

一年目の八六年に先発として八勝を挙げる。だが、翌八七年に故障して以降、低迷する。九〇年シーズンオフには、高橋慶彦《よしひこ》（現・ロッテ二軍監督）との交換トレードでロッテに移籍した。それでも投手として結果を残せないまま、九五年には打者に転向した。九七年のシーズン終了後、ついに自由契約になった。

しかし、彼は諦めなかった。シーズンオフに野手として阪神の入団テストを受け、投手として合格した。そして、九八年は投手に再転向するためにシーズンのほとんどを二軍での練習に費やした。

翌年、私が阪神の監督となった。そのときの遠山のスピードはもはや百三十キロ台前半しかなかったにもかかわらず、快速球投手と呼ばれたころのピッチングを捨てきれずにいた。

このままでは復活の目はない。私は、遠山に「投手には先発、中継ぎ、ワンポイント、抑え、と四つの役割がある。まずワンポイントからスタートしてみないか。それでよかったら、中継ぎ、さらによかったら先発と、段階を踏んで取り組んでいけばいいんや」と話した。

そして、シュートを覚えさせた。ワンポイントで働くとなると、当時でいうなら巨人の松井秀喜（現・ロサンゼルス・エンゼルス）、高橋由伸が打席に立ったときが出番となる。

だが、彼にはまっすぐとスライダーしかなかったから、シュートを覚えてもらわないと使いものにならなかった。

また、シュートのキレをよくするために「ちょっと横へ腕を落としたほうがいい」とアドバイスもした。左打者にとって、左投手が横手から投じてくると、背中のほうから球が来るようで恐怖感を覚えるからだ。と同時に死球の恐怖を感じる。

結果は成功だった。

遠山の外に逃げるスライダーを狙って踏み込んでいこうとすると、内角にシュートが来る。逆に少しでも内のシュートに意識があると外のスライダーにバットが届かない。松井、高橋といった一流打者が百三十キロにも満たないシュートで打ち取られていくのだから、ベンチで見ていても痛快だった。

その後、遠山はワンポイントから中継ぎへと活躍の場を広げ、右の横手投げの葛西稔（現・阪神スカウト）とのコンビで九回一イニングを任せる抑えとして使えるまでに信頼度を高めていった。

「思考が人生を決定する」という。彼は自分が生き残れる道を私とともに考え、その答えとしてシュートを覚え、シュートの効果をより高めるために腕を下げた。たったそれだけで、自分の野球人生を大きく変えたのである。

「人間的成長なくして技術的進歩はない」

私はよくこのフレーズを使ったが、天性の才能だけを頼りにプレーしていると、いつか必ず行きづまる。そのとき、「感じる力」「考える力」を養っていれば、闇のなかから抜け出す術《すべ》は見つかる。なぜ生きるのか。なぜ野球をやるのか。法則や道理に近づこうとする思考が人生を決定する。

野村の言葉

先輩や上司がいうことには何らかの意味がある。その言葉をいったん心に含んで、何度も考えよ。

論語●述而　第七●

子曰わく、我は生まれながらにしてこれを知る者に非《あら》ず。古《いにしえ》を好み敏《びん》にしてこれを求むる者なり。

子曰、我非生而知之者、好古敏而求之者也、

【通解】

先生はおっしゃった。

「私は生まれつき知恵や知識を身につけていた人間ではありません。多くのすぐれた先達が積み重ねてきた、いにしえの事柄に憧れを抱き、心に含み敏

感にそのなかから、生きる法則を探し出そうと求めてきたのです」

「マーくん」こと東北楽天の田中将大《まさひろ》は、いまや日本を代表する投手のひとりとなっているが、二〇〇六年九月二十五日のドラフト会議で、日本ハム、オリックス、横浜、楽天の四球団から一巡目指名を受け、抽選の結果、楽天が交渉権を獲得した選手だった。

彼は、たいへんな勝負運をもっていた。ルーキーイヤーから、なぜか彼が投げる試合は打線が爆発した。たとえ序盤でリードされていても、いつの間にか逆転してしまうのだ。采配をふるっている私にしてみれば明らかな〝負け試合〟なのに、なぜか「勝利監督」としてインタビューを受けていることが何度もあった。

「マーくん神の子、不思議な子」という私の言葉が新聞に躍ったことがあったが、うそいつわりなく、まさに自然に口をついて出た言葉だった。

もちろん彼は、高校時代に大活躍して、プロ入り後すぐに即戦力として活躍した桑田真澄、松坂大輔（現・ボストン・レッドソックス）といった歴代の先輩たちと比較しても、最速百五十キロの速球と高速縦スライダーをもつ、〝怪物〟と呼ばれるにふさわしい選手だった。

だが、それだけではなかった。私やコーチの指導を素直に吸収して、努力を積み重ねていけるという能力を兼ね備えていた。

過去の〝怪物投手〟たちは、ストレートの威力をウリにしていた。前述の二人をはじめ、江川卓（現・野球解説者）、野茂英雄（現・NOMOベースボールクラブ理事長）ら、高卒ではなかったが、いずれもまっすぐを武器に実績を残していった。

だが、田中は違った。変化球であるスライダーのキレが決め手だった。ルーキーのピッチャーとしては異例で、私も他に記憶がない。そこで私は、二年目の彼のテーマは「ストレートの球威をアップさせることにある」と考えた。まっすぐに磨きをかけ、コントロールとキレをモノにして打ちとっていく投手になってほしいというわけだ。

そんな彼が、入団一年目の開幕直前、モヒカン頭で現れたことがあった。私は即座に髪を切るように命じた。

髪の乱れは精神の乱れである。よりすばらしいプロ野球選手になるには、ルールと秩序を守る感覚が欠かせない。野球選手である前に、人間であり、社会人だという自覚と認識をもつことが大切なのだ。そして彼は素直に丸坊主にしてきた。

若いのだから、髪型を気にするのもわかる。目立ちたいという気持ちを百パーセント否定するつもりもない。だが、それ以上に、大切なことがある。

孔子もいっているように、「多くのすぐれた先達が積み重ねてきた、いにしえの事柄に憧れを抱き、心に含み敏感にそのなかから、生きる法則を探し出そうと求め」ることも大切なのだ。髪型ひとつという問題ではない。彼にとっては祖父のような年齢の私がいうことには、何らかの意味がある。人生を踏んできたからこそ、可能性のある人間に教えたいことがある。単に気に入る、入らないでいっているわけではない。

どんな組織でもそうだが、先輩や上司がいうことには何らかの意味がある。

そんな言葉を「また、何かいってるよ」と無視することは簡単だ。だが、それでは成長しない。「なぜ、そういっているのか」「なぜ注意されたのか」――よく考えることができるかどうかが大切だ。なかには自分の優位性を示したいがために、あれこれいっている先輩や上司もいるだろう。それは無視してしかるべきだ。だが、多くの場合はそうではない。何らかの成長の糸口が含まれているものだ。

その言葉をいったん心に含んで、何度も考えるのだ。そうしているうちに、心のなかにひとりよがりではなく、本当に意味のある価値観が生まれてくる。

マーくんは私やコーチが指導したかったことの意味を理解してくれたのだ。そして、間違いなく、日本を代表するエースになりつつあるし、そうなれる人間性をもっている。

野村の言葉

欲から入って、欲から離れろ。

論語●述而 第七●

子曰わく、奢《おご》れば則《すなわ》ち不孫《ふそん》、倹なれば則ち固《いや》し。その不孫ならんよりは寧《むし》ろ固《いや》しかれ。

子曰、奢則不孫、倹則固、与其不孫也寧固、

【通解】

先生はおっしゃった。

「過度に贅沢な暮らしをしている、過度に窮屈でみすぼらしい暮らしをしている、これらはいずれも釣り合いが取れておらず弊害を生む。しかし、同じ

弊害なら、不穏当に僭越《せんえつ》な暮らしを続けるより、倹約を旨としなさい」

「欲から入って、欲から離れろ」――選手たちによく語った言葉だ。たとえば、一点差で負けている試合の終盤、塁上に走者が二人いて自分に打順が回ってきたら、誰もここで一発ヒットを打ってヒーローになりたいと思う。

勝負の場では、自信に満ちた攻撃的な気合が必要だ。だが、その「欲」は、打席に入り、バットを構えた瞬間に消し去らなければならない。さもなければ、無駄に力がバットに伝わり、凡打に終わってしまうことが多い。人間は「欲」がなければ人生を切り開くことはできない。しかし、プロフェッショナルとして生きていれば、その「欲」をきれいに消し去らねばならない場面が必ず訪れる。「欲」が先行すると、結局、自分が本当に目指しているものを手にすることはできないのだ。

現在、マイアミ・マーリンズで活躍しているイチローについて書いておこう。

彼を最初に見たのは、一九九二年、入団一年目のオープン戦でのことだった。打撃練習中にゲージの後ろから見た。構えだけでも実に雰囲気があり、とても十八歳には思えなかった。

当時、オリックスのフロントに、私の出身校である峰山高校の後輩である金田義倫《よしのり》

（現・オリックス管理部長）がいたので、「ええ選手やな」と声をかけたところ、「いいでしょう」という言葉が返ってきた。金田もイチローの素質を見抜いていたのだ。そんな話を聞くにつれ、私は、久々に高校を出たばかりの野手が一年目から活躍するのかな、と楽しみにしていた。投手がルーキーイヤーから出てくることは珍しくないが、野手で高卒一年目からレギュラーとなった例は、最近では西武の清原和博《かずひろ》（現・野球解説者）、広島の前田智徳《とものり》以来、ほとんどいなかったからである。

ところがそれから一年たったあとも、彼が一軍に上がったという話が伝わってこなかった。そこで翌年のオープン戦でオリックスと当たったとき、金田に「おい、あの鈴木って子はどうしたんや」と尋ねた。すると思いがけない返事が返ってきた。

「土井（正三）監督が使わないんですよ」

「どうしてだ」

私は少々驚いた。当時のイチローは、すでに一軍でも十分通用するという域まで達していたと思う。ところが監督が「振り子打法が気に入らない。あんな格好でプロの球が打てるわけがない。あの打法を直さないかぎりは一軍では使えない」といって一軍に上げようとしなかったらしいのだ。私はそれを聞いて、まさに固定観念だと思った。

確かにイチローという選手には、「いい格好をしよう」という意識が見え隠れする。

しゃべり方にしてもあの顎ひげにしてもそうだし、たいしてまぶしくない試合でもサングラスをつけたり、毎回打席に入るとき、バットを右手で掲げるあの構えもそうだ。彼の「かっこよく野球をやりたい」という意識が滲《にじ》みでている。

それが土井には受け入れられなかったのだろう。だが、かっこよく見せたいという意識は悪いことではない。立派な進歩の始まりである。問題は中身が伴っているかどうかだ。かっこいい選手になりたいと憧れ、それを目指す過程で中身ができ、本物になっていくものだ。そして、イチローにはそれが備わっていた。

最初は格好が先行していたのだろうが、努力することで徐々に中身が備わってきて、いまのイチローに行き着いた。まさに〝欲から入って、欲から離れた〟のだ。

そして、いまや彼の野球に対する姿勢に文句をいう者は誰ひとりとしていない。

イチローが天才であることは間違いない。だが同時に努力家だということを見逃してはいけない。彼は時間があると、いつも室内練習場で一日中バッティング練習をしていたそうだ。インタビューでもこう語るのを聞いたことがある。

「頂点に立つということは小さなことの積み重ねだ」

孔子のいう「奢《おご》れば則《すなわ》ち不孫《ふそん》、倹なれば則ち固《いや》し」である。

野村の言葉

人生の道は長いが、高い志を掲げ、死ぬまでその使命を果たそうと努力することこそ、自分らしく〝生きる〟ということだ。

論語●泰伯《たいはく》 第八●

曾子《そうじ》曰わく、士は以て弘毅《こうき》ならざるべからず。任《にん》重くして道遠し。仁以て己れが任と為《な》す。亦《また》重からずや。死して後《のち》已《や》む、亦遠からずや。

曾子曰、士不可以不弘毅、任重而道遠、仁以為己任、不亦重乎、死而後已、不亦遠乎、

【通解】

曾子はいった。

「高い志をかかげた者は、広い包容力と強い意思を持つ義務と責任を負っています。そして、その任務は重く、人生の道ははるかに遠いのです。仁徳の完成こそ己れの任務です。その思いは、どれほど重いものか。死ぬまで使命を果たすよう努力しなければなりません。その道はどれほど遠いものか、それもいうまでもありません」

一九七七年、私は大きな挫折に直面することになった。最下位に落ちた南海の選手兼任監督となって八年目のことだった。その間、優勝こそ七三年の一度だけだったが、Aクラス入り六回を果たしており、それなりの成績を残してきたつもりだった。きっかけはいまの妻である沙知代との交際がスキャンダル扱いされたこと。そのため私は、球団を去ることになった。

さすがに野球を諦めて職探しをしなければならないと覚悟していたところ、ロッテから選手として獲得したいという話が舞い込んできた。ありがたいことに、南海の川勝傳《でん》オーナーがロッテの重光武雄オーナーに推薦してくれた結果だった。

そのとき私は、すでに四十二歳になっていた。もういつ現役を引退してもおかしくない年だった。年が明け、川崎球場で自主トレが始まったとき、隣を走っていた十八歳の新人選手に、父親の年を聞いたら、私とほぼ同じ年だった。さすがに思った。「なぜ、おれはこの年になっても野球から引退を考えないのだろうか」と——。一方で「ここでへこたれたら、自分を追い出した南海を見返すことができない」という思いも湧いてきた。

だが、私のロッテでの選手生活は一シーズンで終わった。

若手に対する私のアドバイスを煙たいと思ったらしいコーチ陣と確執が生じ、一九七八年オフに自由契約となった。フロントから監督就任の話もあったが、折しもマスコミは、ペナントレースから脱落したこともあって「金田正一監督、解任か」と騒ぎになっていた。そんななかで、私が監督就任を引き受けるのははばかられた。最終的には固辞したが、そのときにはさすがの私もユニフォームを脱ぐ覚悟を決めた。正直いって、私を必要とする球団があるとは思えなかったのである。

ところが、そんな私に、今度は西武から現役選手として獲得したいという話が来た。またしても、南海の川勝オーナーの口利きのおかげだった。

そして私は、「ボロボロになるまでやってやろう」という気持ちになった。

いずれは引退しなければならないのだ。しかし、十二球団のうち、ひとつでも必要としてくれるうちは現役を続けてやろうと腹を決めたのである。

自己評価ばかりに頼っていては現実を見失い、進歩や成長の妨げになる。しかし、そのときの私は、「辞めるなんて甘いことを考えるな」という声に導かれていたように思う。

だが、その西武が、私にとって現役選手として最後の舞台となった。

辞めるに至ったいきさつは後述するが、正直いって、私のほうから引退を切り出したとき、あっさりと「あ、そう。長い間ご苦労さまでした」といわれたのだが、心のなかでは「ここまで来たのだから、もう一、二年頑張ってみてはどうか」という返事を期待していたのだ。

どこかで「まだまだ現役でいける」という気持ちもあった。必要とされなければ潔く去らねばならないと、頭ではわかっているのだが、野球に対する情念が湧きあがってきて、えもいわれぬ孤独感にさいなまれた。

「要らないよ」と宣言されてもなお、まだ現役にしがみつこうとする私がいた。そのときすでに四十五歳。往生際の悪い私らしい最後だった。

野村の言葉

これほどに長年、仕事にありつけたのは、ひとえに野球に対する飽くなき探求心が誰よりも勝っていたからだ。

論語●泰伯　第八●

子曰わく、学ぶは及ばざるが如《ごと》くするも、猶《なお》これを失わんことを恐る。

子曰、学如不及、猶恐失之、

【通解】

先生はおっしゃった。

「学問の道はいくら追っかけても届かない。そんな心持ちで励みなさい。それでもまだ目的を見失う恐れがあるものです」

私が京都府竹野《たけの》郡網野町《あみのちょう》（現・京丹後市《きょうたんご》）で生まれたのは一九三五年六月二十九日のことだ。家は食料品店だった。三歳のとき父親を戦争で失い、兄とともに母の女手ひとつで育てられた。母は懸命に働いて育ててくれたが、もともと病弱だった母が大病を患い、生死の境をさまよったこともあった。もし、あのとき母の命が尽きていたら、私たち兄弟は親戚の家にでも預けられて、まったく違う人生を歩んでいただろう。とにかく、想像を絶する貧乏暮らしをさせられた少年時代だった。

私が野球を始めたのは中学のときだったが、母は私に中学卒業後は就職することを強く望んでいた。そのとき救ってくれたのは兄だった。自分の大学進学の夢を捨て、母に私の高校進学を説得してくれたのだ。もし、兄の助けがなければ、いまの私はない。

「大人になって貧乏なんて絶対にいやだ。おれは絶対金持ちになってやる」と心に誓っていた。そしてプロ野球選手になることを夢見た。

京都府立峰山高校の工業科に進学した私は野球部に入部。ポジションは最初から捕手だった。「座りがいい。おまえが構えていると投げやすい」という理由からだったが、私自身、もっともボールに触れる機会の多い、捕手というポジションが楽しくて仕方がなかった。以来、一貫して捕手を続けることになるのだから、振り返ってみるとどうも、私は捕手になることを運命づけられていたようだ。とはいえ、貧しさに追われることに変わりはなかった。授業料を払うのもやっとだから新品のバットを買う金もなく、砂を一升瓶に入れて手首を鍛えた。そうして私は野球にのめりこんでいった。

だが当時の峰山高校は、単位をとれない生徒は部活禁止で、弱小だったうえに単位もろくにとれない連中ばかりの野球部は廃部も検討されていた。廃部推進の急先鋒は生活指導部の清水義一先生で、職員会議で先頭に立って廃部を進めていると聞いた。

その先生を野球好きにするために、私はあらゆる手を使った。そのひとつが清水先生の小学生の息子二人を手なずけることだった。ベンチに入れ、スコアブックの付け方を教え、野球の面白さを教えたうえで「今度、おやじさんを試合に連れてきてよ」とそそのかした。作戦は見事成功した。先生は「ほんまに面白い」と野球の虜《とりこ》になった。そこで私は先生に野球部の顧問になってくれるようお願いし、了解してもらったのだ。

その頃はすでに、プロ野球に淡い夢を抱いていた。だが私はまったくの無名選手。現実感のない話だった。それに、母の希望は相変わらず就職だった。プロで自分を試してみたい気持ちはあったが、卒業前には鐘紡淀川《かねぼうよどがわ》という会社への就職も内定していたし、やはり母のいうとおりにするしかないかな、と思っていた。そんなとき、転機が訪れる。清水先生がプロ野球球団に手当たり次第に推薦状を書いてくれ、南海の監督だった鶴岡一人《かずと》さんだけが「テストを受けにきなさい」と返事を返してくれたのだ。

信じられない話だった。私は、貧乏している母に大阪行きの旅費をねだるわけにいかず、清水先生にお金を借りてプロ野球人生の第一歩を踏み出すこととなった。

五四年、私は南海にテスト生として入団した。ただし、どうやらテストは実力で合格したのではなく、ブルペン捕手を補充する必要があったらしい。鶴岡さんの「カベ用にでも獲っとけや」のひとことで拾われたということだ。もちろん契約金はゼロで、初任給は七千円。夢と現実がこんなに大きく違うのかと驚いた。

以来、私は野球の世界で生きてきた。貧しい生活が長かったが、「金持ちになりたい」という願望は、ますます私を突き動かす大きなエネルギーとなった。プロの世界は厳しい実力勝負の世界であり、競争社会である。そうしたエネルギーがなければ、ここまで続けられたかどうかわからない。また、そこには複雑な人間関係が渦巻いている。そんななか、どちらかといえば人づきあいが不得手でお世辞のひとつもいえず、処世術に欠ける私が、よくもこれほど長い間、仕事にありつけてこられたものだと思う。

思い起こせば、ひとえに野球に対する、私の飽くなき探求心が誰よりも勝っていたからではないだろうか。プロとして生きようとする者は、一生懸命学んで練習しても、時として方向を見失いそうになることもある。それでもなお練習を積み重ね、挑み続けていくことが大切だということだ。「努力に即効性なし」と心得ておいたほうがよい。

野村の言葉

知恵ある者は、小さい事柄を積み重ねていくことによって自信と勇気を得て、頂点を目指す。

論語●子罕《しかん》第九●

子曰わく、知者は惑《まど》わず、仁者は憂《うれ》えず、勇者は懼《おそ》れず。

子曰、知者不惑、仁者不憂、勇者不懼、

【通解】

先生はおっしゃった。

「知恵のある者は迷わない。仁徳をそなえた者はいたずらに心配しない。勇気ある者は恐れない」

私の好きな言葉に「小事が大事を生む」というのがある。いきなり大きいことを目指すのではなく、小さい事柄を積み重ねてこそ大きな目標が達成できるという意味だ。

それを体現している選手のひとりが、前述したイチローだ。二〇〇四年、イチローは二百六十二本というメジャーの年間最多安打記録を達成した。それは、八十四年間も破られることがなかったジョージ・シスラーの二百五十七安打を五本上回る記録だった。

そのとき、イチローはインタビューに答えて、こんな意味のことを語った。

「頂点に立つということは、小さなことの積み重ねだ」

この彼の発言は前述したが、まさに私の野球観に通じていた。

彼のバッターボックスでの立ち位置やバットの振り方ひとつからも、彼がその言葉をとても大切にしていることが感じ取れる。フォームひとつにしても、現状のものに満足することなく、毎年ほんの小さなことなのだが、少しでも確実性の高いものに変えていこうとしている。ふつうならある程度の実績を残すと現状に満足してしまうが、彼は常により高みを目指すという姿勢を崩そうとしない。

それは彼が、こと野球については大いなる知恵者だからである。そして彼は、小さい事柄を積み重ねていくことによって自信と勇気を得て、頂点を目指している。

野村の言葉

財を遺すは下、仕事を遺すは中、人を遺すを上とする。

論語●憲問《けんもん》 第十四●

子曰わく、貧しくして怨《うら》むなきは難《かた》く、富みて驕《おご》るなきは易《やす》し。

子曰、貧而無怨難、富而無驕易、

【通解】

先生はおっしゃった。

「貧乏な境涯にあって怨みがましい気持ちを抱かないのは難しい。富を手にして奢《おご》りたかぶらないのは難しくない」

食うに困るほど貧しい境遇にある人が、他人に対して恨みがましい気持ちをもたずにいるのは難しい。一方、財産も地位もある人は、ずいぶん気をつけているつもりでも、つい人を見下すような態度をとりがちだ。だから、財産も地位もありながら人を見下すような態度をとらない人はなかなかできた人物である。

しかし、孔子にいわせれば、それはまだ難しいことではない。もっとも難しいのは、貧しくても僻《ひが》み根性をもたないことだ――これは、そんな教えなのだろう。

この教えに通じる、幕末期から昭和初期を生きた後藤新平の言葉を紹介しておこう。関東大震災後の東京を復興計画した政治家である。現在の東京の幹線道路は、ほとんどこのときのインフラ整備によってつくられた。

「財を遺すは下、仕事を遺すは中、人を遺すを上とする」

金を稼ぎ、財産をいくら遺したところで、たいしたことではない。それより、事業、仕事を遺すほうが意味があるし、もっとすばらしいのは、後世に役立つ優れた人材を遺すことだ、というのである。常に目の前の勝ち負けで判断される監督という職業にとって、それは実に難しいことだ。ともすれば、「もっと戦力があれば」などと、つい恨みがましい事をいいたくなる。だが、監督としてヤクルトで過ごした九年間は、指導者としての私にとって貴重な体験となった。

ヤクルトに私を呼んでくれたのは相馬和夫社長だったが、私は就任一年目の春季キャンプ（米国アリゾナ州ユマ）で、選手たちを集めて連日一時間以上の講義を行なった。テーマは「人間教育」。「人間的成長なくして技術的進歩なし」は私の根本理念である。人として生きていくうえで何が重要で、どうすれば成長進歩していけるのか——そんな、野球とはまったく関係のない内容で、そのとき選手たちは、その話と自分たちがどう関係するのかわからなかったはずである。また、「思考」と「行動」は切り離せない関係にある以上、監督として考え方のエキスを注入する責務があったが、監督だからと高圧的に接するつもりはなかった。それより、力を出せずにいる選手たちに目的意識を与えるにはどうしたらいいか、考えあぐねてのことだった。

ところが、予想に反して、選手たちは身を乗り出して私の話を聞いてくれたのだ。そこに私はある種のハングリーさと、「変わりたい」「向上したい」という意欲を感じた。ここまでにも書いてきたように、夢や希望を抱くことは、感じること、考えることの出発点である。ヤクルトの選手たちには、それがあった。

数年前のことだ。池山隆寛《たかひろ》（現・野球解説者）がテレビ番組に出演した際、私の講義を書きとめたノートを大量にもち込み、こう話していた。

「最近になって、ようやく監督のおっしゃっていた意味がわかるようになりました」

そもそも、ヤクルトの監督になった当初、私は評論家時代に受けた印象から、池山は人の話など聞く耳ももたない、甘やかされた問題児だという先入観を抱いていた。

だから、最初にこう釘を刺していた。

「おまえ、ブンブン丸とかいわれていい気になってるんじゃないのか。自分はそれでいいかもしれんが、チームにとっては迷惑な話だ。野球を私物化するんじゃないぞ」

池山としてみれば、ムッとしてしかるべきところだが、彼は私の説教を神妙に受けいれていった。そしておそらく、私の話も少しは役に立ったのではないかと思う。

私がヤクルトの監督を退任した後、彼はポジションを後輩に譲ることになったが、チームの勝利のために献身的に働いたと聞いた。実際、二〇〇一年に優勝したとき、監督だった若松勉（現・野球解説者）は、「勝てたのは池山のおかげです」と語っていた。池山が率先してチームのメンバーを統率していける大きな人間に成長していたことの証《あかし》だった。また、当時のメンバーには、五番や六番をまかされているものの、好き勝手なバッティングを繰り返していた広澤克己（現・野球解説者）もいた。その彼もいつしか四番の重責を担えるようになっていった。あるいは、キャッチャーとして急成長した古田敦也もいた。そういう意味では、私はヤクルトに「人を遺す」ことができたのかもしれないと思う。

野村の言葉

人は理想と現実が重ならないから大口を叩き、不満を口にする

論語●憲問　第十四●

子曰わく、その言のこれ怍《は》じざるは、則《すなわ》ちこれを為《な》すに難《かた》し。

子曰、其言之不怍、則其為之難也、

【通解】

先生はおっしゃった。

「自分の口にした臆面もない広言をはずかしいと思わないようでは、広言したことを実行するのは難しい」

組織に属していれば誰にだって不平不満はあるわけだが、それを口にするかしないかが、その人個人の〝境界線〟であり、同時に、いい組織とだめな組織の境界線になる。

誰かが不満をいう。あるいはできもしないことを口にして、上司にとり入ろうとする者もあらわれる。すると、小さな不満が蔓延していき、チームのムードまでが悪くなっていく。

不満のない人などいないのだが、それをぐっとこらえる抑制は人間教育ができていないともいえないものだ。不満をもっているということは、裏を返せば理想を描いているということでもある。理想と現実が重ならないから大口を叩き、不満を口にする。

人間には自分の思うようにならないことがふたつあるという。

ひとつは「人間はひとりでは生きていけない」ということ。

もうひとつは「自分の思うようになることはほとんどない」ということだ。

自分の思うようにしたい。ところが現実はなかなか思うようにならない。そこに理想と現実のギャップが出てくるわけだが、だからこそ努力が必要である。

自分の思うようにするために努力していく。その先にあるのが理想であり、夢であり、希望であり、願望である。

野村の言葉

一流の人物になれるかどうかは、基本的な目的意識をもっているか否かによって決まっていく。

論語●衛霊公《えいれいこう》 第十五●

子曰わく、これを如何《いかん》、これを如何《いかん》と曰《い》わざる者は、吾《われ》これを如何《いかん》ともする末《な》きのみ。

子曰、不曰如之何如之何者、吾末如之何也已矣、

【通解】 先生はおっしゃった。「どうしようか、どうしようか。どうしたらいいですか？ と己れ自身が煩《はん》悶《もん》して尋ねてこない者は、私だって手の貸しようがありません」

一流の人物になれるかどうかは、基本的に目的意識をもっているか否かによって決まっていくものだ。

たとえば野球選手の場合、「自分はなぜプロ野球選手になったのか」という具体的な目的意識があるかないかで、その後の成長の度合いは大きく違ってくる。

およそ、人間は苦手なことやできないことがあると、もがき苦しんで突破しようとするか、とりあえず放っておくか、または諦めてしまうか……のいずれかである。

そのとき、明確な目的意識をもたない者のほとんどは、先達に指示を仰ぐこともなく放っておくか、諦めてしまうかのどちらかを選択し、成長が止まってしまう。

明確な目的意識をもち、現状と目標の「差」を認識し、克服するために頭をふりしぼれる者だけが一流選手として生き残っていくのである。

私の場合、自分で考え、観察するしかなかったが、いまは時代も変わり、コーチが手取り足取り教えてくれるようになった。それを前提に練習している選手も非常に多い。

だが、依頼心が強すぎると、人間の思考力は著しく衰える。思考が止まれば進歩も止まる。何はともあれ、どうしようか、どうするか、まずは自分の頭で疑問を感じなければならないのである。

野村の言葉

敵は己れのなかにある。

論語●衛霊公 第十五●

子曰わく、君子はこれを己れに求め、小人《しょうじん》はこれを人に求む。

子曰、君子求諸己、小人求諸人、

【通解】

先生はおっしゃった。

「君子たる立派な人物は、他力本願ではなく自力本願で己れに求める。だが、至らぬ者は己れを高めることはせず、他人に何かしてもらうことを願う」

人間はものごとがうまくいかないとき、往々にして、その原因を自分の外に求めようとするものだ。たとえば、得意のカーブで打者をフライに打ち取ってアウトにしたはずなのに野手が落球してエラーで走者が生きる。その後、安打されて得点され、試合を落としてしまう。

そのとき、「あのときエラーさえ出なければ」と思わないピッチャーはいないだろう。だが、本当は、エラーの後に続く打者を打ち取ればよかったはずだ。

そのためにこそ、日々練習を積み、さまざまな工夫をしつつ、自分の能力を高めておく必要がある。プロフェッショナルというのはそういうものだ。

とはいうものの、人は失敗したとき、知らず知らずのうちに、他に責任を転嫁することで自らの苦しさを和らげようとする。それはある意味、本能のなせる業といえる。

しかし、それを許しているとチームはどんどん弱体化していく。

おれの調子が多少悪くてもエースがなんとかしてくれるだろう、四番が打ってくれるだろう、などと「他力本願」になっていくのだ。

それでは勝てるチームはつくれない。敵を外部に求めている間は進歩が止まっているのだ。敵は己れのなかにある。その敵は、自力本願を目指すことを忘れて他力本願に走っている自分自身だ。敵を自分のなかに見出してこそ、成長への道は開けるのだ。

野村の言葉

失敗を活かせる者はそれを放置する者に勝る。

論語●衛霊公　第十五●

子曰わく、過《あやま》って改めざる、これを過ちと謂《い》う。

子曰、過而不改、是謂過矣、

【通解】

先生はおっしゃった。これを過ちといいます。過ちは過ちではありません。過ちの後が大事なのです」

「過って改めない。

アメリカの文化人類学者であるルース・ベネディクトは、著書『菊と刀』で「日本の文化は恥の文化であり、欧米の文化は罪の文化だ」と書いたが、確かにかつての日本人は、「人に迷惑をかけるような恥ずかしいことはしない」という行動基準をもっていた。

しかし最近、すっかり変わってしまった。何かあれば自分の権利を自己主張するばかりか、ときにはとんでもないクレームをつける人までいて、情けない状況である。「恥を知らねば恥かかず」という言葉をぜひ心に刻みつけておいてほしい。

およそ、恥をかいたことのない人間は本当の恥を恥と認識できずに、次々と新たなヘマをやらかしてしまうものだ。そのため、一向に成長しない。きちんと自分の失敗を省みて、さらなるステップに活かすことができないのだ。

たとえば、チームの中心的存在となり、一流と呼ばれるようになっていく選手は、みんな修正能力に優れている。同じ失敗を繰り返さない。それに対して、失敗を繰り返す選手は、原因を追究しようとしない。それ以前に失敗を失敗と感じる能力に欠けている。それでは、いつまでたっても、チームの仲間から信頼を得ることなどできないだろう。

私は、「失敗」と書いて「せいちょう」と読むことにしている。失敗は失敗ではない。失敗の後が大事なのだ。失敗を活かせる者はそれを放置する者に勝る。

野村の言葉

老若は年齢の問題ではない。青春とは人生のある期間をいうのではなく、心のあり方のことだ。

論語●季氏《きし》第十六●

孔子曰わく、君子に三戒《かい》あり。少《わか》き時は血気未《いま》だ定まらず。これを戒《いまし》むること色に在《あ》り。その壮なるに及びてや、血気方《まさ》に剛《ごう》なり。これを戒むること闘《とう》に在り。その老ゆるに及びてや、血気既《すで》に衰う。これを戒むること得《とく》に在り。

孔子曰、君子有三戒、少之時、血気未定、戒之在色、及其壮也、血気方剛、戒之在闘、及其老也、血気既衰、戒之在得、

【通解】

先生はおっしゃった。

「君子たる立派な人物には、守るべき三つの戒めがある。
若いときは、血気がさだまらず、戒めは女色にある。
壮年になっては、血気はいよいよ壮《さか》んになって、戒めは闘争することに燃えることにある。
老いるにつれ、血気は衰え、戒めは欲を張ることにある」

私は、若さとは信念に基づくものだと思っている。そして、そういう意味では私は誰よりも若いと自負している。

一九八〇年、西武にいた私は現役を引退した。

引退を意識したのは、九月二十八日の阪急戦だった。その日、私は捕手としてスタメン出場した。だが、八回裏一アウト満塁、西武が四対三で阪急を追う展開で、ベンチは私の代打に鈴木葉留彦《はるひこ》（現・西武編成部長・アマ担当）を送った。

二十六年間の選手生活で初めてのことだった。犠牲フライくらいは最低限打てると思っていただけに愕然《がくぜん》とした。そして、ベンチに下がった後、代打策の失敗を祈っている自分に気がついた。結局、鈴木はショートゴロ併殺打に倒れ、試合に敗れることになったのだが、その瞬間「ざまあみろ」と思ってしまったのだ。

帰途の車中で、私は自分の気持ちが〝勝利を目指すチーム〟とは逆の方向に向いていたことに慄然《りつぜん》とした。それが引退を決めた理由だった。

私は潔く身を引こうと決めていた。だが、監督、フロントに引退を申し出たとき、実にあっさりと受諾された。そして、そのとき悔しさがこみ上げてくるのを止めることができなかった。「まだまだやれるぞ」という、もうひとりの自分の声が聞こえていたのだ。

二〇〇九年、楽天のフロントから年齢の話を持ち出され、「監督として花道を飾ってほしい」と告げられたときもそうだった。

私は、これまで「野球」という世界で膨大な知識と経験を積み、それをエネルギーとして生きてきた。振り返れば、年齢のことなど気にかけたこともなかったし、その暇もなかった。いまでもそのエネルギーはふつふつと煮えたぎっている。

老醜をさらすこともないだろうという人もいよう。だが、年齢に関係なくわきたってくるエネルギーというものもある。

米国の詩人、サミュエル・ウルマン（一八四〇－一九二四）の詩『青春』のなかにこんな一節がある。

「人は信念とともに若く、疑惑とともに老いる。人は自信とともに若く、恐怖とともに老いる。希望のある限り若く、失望とともに老い朽ちる」

そして、彼はこうもいう。

「青春とは人生のある期間をいうのではなく、心のあり方のことだ」

老若は年齢の問題ではない。そういう意味で、私はたとえ八十歳を越えようと、心に情熱と創造力を持ち、青春を生きている。

ただし、ここでいう青春とは、年齢的に若いときの青春とはいささか趣きを異にする。若いときは、ともすれば異性の色香に強く惹かれるし、あるゆる場面で競争相手を蹴落とそうと闘争的になる。また、金銭欲、名誉欲にも駆られる。

だが、年齢を重ねるにしたがって、いわゆる俗物的な欲から解き放たれていくものだ。

そして最後に残るのが金銭欲、名誉欲なのかもしれない。だから、孔子は「老いるにつれ、血気は衰え、戒めは欲を張ることにある」と諭《さと》しているのだろう。

しかし、固定観念を捨て、先入観を排除することで得た柔軟な思考力と蓄えた知識は、欲を離れた純粋な創造力となり、ひとつの信念となって〝生きること〟を支えてくれる。

私のように、信念に基づく若さをもって生きていく者がいてもいいのではないだろうか。

野村の言葉

天性だけでやっている者は、まだ自分のなかにエネルギーが残っているにもかかわらず、壁にぶつかるたびに諦めてしまうものだ。

論語●季氏　第十六●

孔子曰わく、生まれながらにしてこれを知る者は上《じょう》なり。学びてこれを知る者は次なり。困《くる》しみてこれを学ぶはまたその次《つぎ》なり。困しみて学ばざるは、民にしてこれを下《しも》と為《な》す。

孔子曰、生而知之者上也、学而知之者次也、困而学之又其次也、困而不学民斯為下矣、

【通解】

先生はおっしゃった。

「生まれながらにして知恵あるものは上等です。学問して知恵を身につけたものは次に上等です。困難の果てに学んだものは、またその次です。しかし、困難で苦しい学問もできないのが、ふつうの人で、これを下の部とします」


人が成長していくうえで〝知恵〟が必要であることは、ここまでにも何度か触れてきたが、孔子も「生まれながらにして知恵あるものは上等だ」という。

だが、生まれながらにして知恵をもっている者などなかなかいない。だからこそ、知恵をつけるためには〝困難で苦しい学問を積み重ねる必要がある〟と教えているのだ。

野球選手も同じだ。ただ、漫然と投げ、打って走っているだけでは、結局、自分の能力を限定し、妥協したあげく安易に自己満足という泥沼にはまり込んで、やがては消えていく運命にある。

特に天性だけでやっている者は、目標に向かって困難を克服してきた経験がないから、まだ自分のなかのエネルギーが残っているにもかかわらず、壁にぶつかるたびに諦めてしまう。気をつけてほしいものである。

野村の言葉

この世に生きるほぼすべての人間は天才ではない。努力を重ねなければ、追いつき追い越せない。

論語●陽貨《ようか》 第十七●

子曰わく、性《せい》は相《あい》近し。習えば相遠ざかる。

子曰、性相近也、習相遠也、

【通解】
先生はおっしゃった。
「人間、生まれつきの資質はそれほど違いはない。育っていくうちの習慣によって、種々の差異が生まれてたがいに遠い関係になるのです」

私も含め、この世に生きるほぼすべての人間は天才ではない。ほとんどは、才能も能力もほぼ互角の凡人だといっていいだろう。

だが、そんななかで〝自分らしさ〟を発揮しながら、生き生きと活躍し、多くの人の信頼を得ている人もいる。そして、できれば、そんな生き方をしたいと思っている人も多い。では、どうやれば、そんな人間になれるのだろうか。

「小さくて気づかないようなものにこそ、美しさがある」とは、小説家である夏目漱石の言葉だが、まず、他者と自分の「差」を明確に認め、それをもとに、自分なりの道を模索していくことだ。

「人間は他者との差や違いで勝負する存在」なのだから、よほど意識していなければ気がつかないような〝小事、細事〟にまで神経を行き届かせ、その積み重ねによって自己を確立するべきなのである。そのうえで、他者とのわずかな差を縮めていく。

その差はごくわずかなものでも、努力を重ねなければ、追いつき追い越すことはできない。変化することを恐れず、勇気をもって行動していくことが、よりよく生きたいと望む者に求められる資質なのである。

私自身、南海のテスト生となったとき、どこをとっても〝欠点・短所〟ばかりで、他者に劣るところばかりだった。だが、それを少しでもなくし、ライバルとの差を埋めようと、日々月々、必死に努力を続けた。その結果、まがりなりにもプロ野球の世界で五十年以上も生きてこられたのだ。まさに「努力は天才に勝る」である。

もし、その差に気づかなかったり、気づきながら見て見ぬふりをしていたら、いまごろはどこか社会の片隅でひっそりと暮らしていたに違いない。あるいは運よく野球界に残れたとしても、チームに何ひとつ貢献せぬまま終わっていただろう。そういう意味では、人が生きていくうえで〝欠点・短所〟を素通りすることは〝悪〟だともいえるのだ。

「実力の世界」「一年一年の契約の世界」「生身の人間の世界」――そう考えてみると、よくぞ五十四年間生き続けてこられたと思う。

入団当初はまったく自信もなく、不安ばかりを背中に担いで生きていたような気がする。テスト生から選手を経て監督まで昇りつめられるとは夢にも思ってみなかった。常に人より「一歩先を……」と考え、一生懸命やっていたことが人に認められて、ここまで来られたのだと思っている。

人間の一番美しい姿は「一生懸命やっている姿」だという。一生懸命やっていれば、必ず見てくれている人がいるということである。また、それが処世術なのだともいい換えることができる。

第二章

リーダーとしての力を身につけよう

野村の言葉

組織の上に立つ者は、どっしりと構えて物事に動じない人物でなければならない。才覚だけの人間がリーダーとなった組織は早晩滅びる。

論語●学而《がくじ》第一●

孔子曰わく、生まれながらにしてこれを知る者は上《じょう》なり。学びてこれを知る者は次なり。困《くる》しみてこれを学ぶはまたその次《つぎ》なり。困しみて学ばざるは、民にしてこれを下《しも》と為《な》す。

子曰、君子不重則不威、学則不固、主忠信、無友不如己者、過則勿憚改、

【通解】
先生はおっしゃった。

「指導者、リーダー、人の上に立つ者は、いうことなすことにどっしりと重みがなければなりません。ぶれたり軽々しくあっては、威厳がなく誰もついてきません。そのためには、学問し、練習を積み重ねなさい。

そうすれば、頑迷にこだわることもなくなり、融通無碍《むげ》の応用が利きます。

また、常に相手を思う律儀、忠信の気持ちを育てなさい。

自分に劣る者とまじわってもいけません。過ちに気がついたら素直に認めて、とりつくろったりせずに改めなさい」


次は、孔子と同じ中国の思想家、呂新吾《りょしんご》が明の時代に遺した言葉である。「リーダーの資質」を的確に表した至言として、私の心に深く刻まれている。呂は、人物は三つの等級に分類されるとしたうえで、以下のように論じている。

一、深沈厚重《しんちんこうじゅう》なるは第一等の資質なり。
二、磊落《らいらく》豪勇なるは第二等の資質なり。
三、聡明才弁なるは第三等の資質なり。

つまり、組織の上に立つ者は、どっしりと構えて物事に動じない人物でなければならない。これが第一等の資質。太っ腹で細かいことを気にしない性格は第二の資質。

そして、才能豊かで弁の立つ人物は第三等、つまり最下位の資質に過ぎないという意味である。

いくら頭が切れて弁舌さわやかであろうと、そういう才覚だけの人間がリーダーとなった組織は、早晩滅びるのである。常に相手を思い、過ちに気がついたらすぐに改める人物にならなければならない。その真理は時代を超えて不変である。

そもそも、プロとして、自分が目指すべきバッティングは何か、与えられたポジションでどう自分の役目を認識するか、そして野球というものをどう考えるか……チーム状態がいいときは、そんなことを改めて口にしなくても、選手は自主的に考える。

問題はチーム状態が悪くなったときだ。チームを率いる者は、そんなときほど、どこが悪いのかを冷静に分析して、改めるべきを改めることに全力を尽くすべきである。

まさに、孔子の説く「過《あやま》てば則《すなわ》ち改むるに憚《はばか》ることなかれ」である。

ペナントレースを戦うにあたって、監督は大きな方針を立ててシーズンに臨んでいく。チームの得点力はどれぐらいか、現有投手の勝ち星はどれぐらいか。それをどう効果的に勝利に結び付けていけば、優勝を狙えるか。私は徹底的に考え抜いてシーズンを迎えるのを常にしていた。

だが、現実はそのとおりいくものではない。日々の戦いのなかで、常に「過てば則ち改むるに憚ることなかれ」を実践していかなければならないのだ。

逆に、優勝がほぼ絶望的となったようなときには、消化試合に選手たちをどのような意識で臨ませるかが重要となっていく。

猫の目オーダー、場当たり的な選手起用、システム化されていない投手起用……そんな試合を続けていては、選手も目的を見失ってしまう。

そういうときにこそ、監督は、翌年、翌々年を見据えたチームづくりを目指して、それぞれの選手に対して役割を徹して進むべき方向を決めてやることが必要だ。その努力が、適材適所に当てはまるように選手を育てていく近道となる。

野村の言葉

さまざまな経験を積んだ先輩や上司も、生きるうえで参考にすべき対象だ。

論語●為政《いせい》 第二●

子曰わく、故《ふる》きを温《あたた》めて新しきを知る、以て師と為《な》るべし。

子曰、温故而知新、可以為師矣、

【通解】

先生はおっしゃった。

「〈温故知新〉の原義は、肉をとろ火で炊きこんでスープを取る、です。〈故〉は、過去の事象、歴史という意味ですから、煮込むほどに〈故〉に習熟して、そこから煮詰まったスープを飲むように新たに現実を学びましょうという呼びかけです。

ただ覚えただけの知識ではなく、そうして煮込むほど身につけた〈智〉こそが、あなたを人生の先輩、リーダーにするのです。師と呼ばれる者はたんなる物知りでは、なれません」


『大辞泉』（小学館刊）によると、「温故知新」は、《過去の事実を研究し、そこから新しい知識や見解をひらくこと》とある。

私自身、現役引退後、改めて無知無学を自覚した。知力をつける必要性から大量の本を読み、身につけた知識を力に変え、その後の監督活動の大きな支えとなった。だが、学ぶべき対象は本に限らない。さまざまな経験を積んだ先輩や上司も生きるうえで参考にすべき対象だ。

たとえば、プロ野球に限っても、何年も訓練した目と初心者の目とでは、見えるものも違っている。継続と蓄積に勝る強みはない。私自身、バッティング練習の時、「おまえら、おれのバッティングをよく見とれ」という気持ちで練習したものだ。

時には、経験を積んだ先輩諸氏の話にじっくりと耳を傾け、煮込むほどに考えてみてはどうだろう。それこそが、いつかあなたを、偉大な人生の先輩、リーダーにする。

野村の言葉

エースは鑑《かがみ》でなくてはならない。

論語●為政 第二●

子曰わく、君子は器《うつわ》ならず。

子曰、君子不器、

【通解】

先生はおっしゃった。

「すべて器というものは、その目的の用途のためにつくられています。舟は海に浮かべるもので、山には登れない。車は陸地で走れるが、海は渡れない。リーダー、指導者たるものは、それではいけない。ただひとつの用にしか立たない器であってはならない。多様なことを学んで、後輩に伝えなければ師とも君子ともいわない」

私はエースや四番に厳しい苦言を呈することが多かった。他の人が批判しない分、妙に私の言葉が目立ってしまい、「野村は一流選手に対して辛口だ」といわれてしまう。

だが、私はこう思っている。「エースや主砲の使命は、単に、勝つ、打つといったことだけではない。ひとつの用にしか役に立たない器であってはいけない」と——。彼らのもつ使命には、「チームの鑑《かがみ》」になることも含まれる。練習態度、食事の摂り方、自己管理の方法など、すべてにおいて模範となり、チームの要《かなめ》となるべきなのだ。

私自身、南海で中心選手になってから、自分を鼓舞していたから、ちょっとやそっとのけがでは試合を休まなかったが、元広島の鉄人、衣笠祥雄《きぬがささちお》（現・野球解説者）はまさに「チームの鑑」の典型だった。王貞治も長嶋茂雄も、みんなそれぐらい休まないことにこだわっていた。それがみんなの敬意を集めることになっていた。自らの器をいかに大きくしていくか。どんな世界であれ、多様なことを学んで大きな器になる。それが社会に出ていく若者の最大の課題である。

野村の言葉

原理原則をもたない人間は、組織のなかで信頼されず、受け入れられることもない。

論語 ● 為政 第二 ●

子曰わく、人にして信なければ、その可《か》なるを知らざるなり。大車輗《げい》なく、小車軏《げつ》なくんば、それ何を以てかこれを行《や》らんや。

子曰、人而無信、不知其可也、大車無輗、小車無軏、其何以行之哉、

【通解】

先生はおっしゃった。

「信。真。きみの話す言葉にこれがなければ、きみの人格の基本はなってないということになります。人は信という徳があって初めて、社会で通用する

のです。たとえをいいます。大車すなわち牛車にくびきがなければ、小車すなわち馬車に横木が渡っていなければ、曳くことはかないません。前に行くこともできない。この、くびき、横木が、信です」

どんな世界であれ、原理原則をもたない人間は、組織のなかで信頼されず、受け入れられることもない。では、信頼を勝ち得るにはどうすればいいのか。

野球の戦いにおいては、「戦力」「士気」「変化」「心理」という四つの要素が含まれているが、なかでも、士気、すなわちムードは重要だ。いいムードは、仲間の心を高揚させ、組織に勢いをつけるからだ。

だから、監督（リーダー）にとって、選手（部下）に優越感や優位性をもたせることは重要な役割となる。

「うちは他のチームより進んだ野球をやっている」という気持ちをもたせ、さらにデータをもとに具体的な攻略法を授ける。すると、選手たちは「おれにもできそうだ」という気になると同時に監督（リーダー）に対する尊敬と信頼が芽生え、他チームに対して怯《ひる》むことなどなくなっていく。チーム（組織）にとって大きな効果が生まれてくるのだ。

野村の言葉

リーダーたる者は、自らの身を正して人をつくり、何かを気づかせ、それが組織に反映されるのを待つしかない。

論語●子路《しろ》 第十三●

子曰わく、苟《いやし》くもその身を正しくせば、政に従うに於《お》いて何か有らん。その身を正しくすること能《あた》わずば、人を正しくすることを如何《いかん》せん。

子曰、苟正其身矣、於従政乎何有、不能正其身、如正人何、

【通解】
先生はおっしゃった。
「政治家は己れの身を正しくしていれば、ほかになんの必要なものがありま

しょうか。その身を正しくしていなければ、誰もついてこず、正しい道にみちびくこともできません」

自分自身が人格的に優れている。そのためには自らの生活を律し、正義に生きる。これがリーダーの条件のひとつである。

それに加え、正しい導き方を知っているかどうかも重要になってくる。人間教育はもちろんのこと、テクニカルなことをも気づかせることができるかどうかということだ。

たとえば、野球なら理にかなったフォームづくりから、難しいボールへの対応の仕方、配球についても、「こうやってみたらどうだ」「こういう対応の仕方があるのではないか」とアドバイスして気づかせてやれるかどうかである。

そこで気づく選手はすぐに伸びていく。鈍感だったり、自分勝手な者はなかなか気づかないが、それでも人間教育から始めて、何かヒントを与えて成長するのを待てるかどうかがリーダーとなれるかどうかの分岐点となる。

リーダーたる者は、自らの身を正して人をつくり、何かを気づかせ、それが組織に反映されるのを待つしかない。もし成長がなければ、やはり人間の根本の部分に欠点があるわけだから、もう一度人間教育を繰り返す。結局この繰り返しをやるしかない。

野村の言葉

権威を振りかざし、威張っていても人はついてこない。

論語●子路　第十三●

子曰わく、君子は泰《ゆた》かにして驕《おご》らず。小人《しょうじん》は驕りて泰かならず。

子曰、君子泰而不驕、小人驕而不泰、

【通解】

先生はおっしゃった。
「君子と呼ばれる立派な人物は、包容力があってのびのびし、威張らない。
小者は、威張るし、せかせかしている」

指揮官は常に全責任を負う覚悟が必要だ。野球ではほんのちょっとしたミスが命取りになることが多いが、選手のしでかした無用なミスも、突き詰めれば指揮官である自分の資質に原因があると考えるべきである。

それが優れたリーダーの基本原則であり、私が常に心がけている信条である。

また、いい指導者と呼べるのは、広い包容力をもっており、どんな部下にもそれぞれに合った接し方ができる人物であろう。能力や性格は人によって異なるのだから、その人間の本質をよく見極めてから指導にあたれということだ。やたら権威を振りかざし、威張ってばかりで、一方的に自分のいいたいことを押しつけるような人には誰もついていかないだろう。信頼があっての権威権力であるべきである。

大きな心で部下をやさしく包み込み、そして威張らない。そんな余裕があってこそ、組織の上に立つ資格があるのだ。

監督にもいろいろなタイプがいる。指導者としてのポリシーや理想の監督像も十人十色だ。ただし共通するのは、ワンパターンのことしかいえず、選手の本質を察知できない人間はリーダーにふさわしくないということだ。

組織のなかで上を目指す人は多い。だがリーダーとなるのは、そうたやすいことではない。絶え間ない自己研鑽《けんさん》と人としての徳を高めることが求められるのだ。

野村の言葉

大言壮語をつつしみ、自分のもてる力を存分に発揮するならば、成功しようが失敗に終わろうが、人はそれを評価する。

論語●憲問《けんもん》 第十四●

子曰わく、君子はその言いて、その行ないに過ぐるを恥ず。

子曰、君子恥其言而過其行、

【通解】
先生はおっしゃった。
「君子たる立派な人物は、己れの口にしたことが、行為以上になることを恥じる。すなわち、恥をおぼえぬように言葉をよく吟味して、行動に余裕をもたせるよう心がけている」

孔子は、実際にできそうにもないことを口にしたり、現実離れしたことを大言壮語することを戒め、自分の発言と行動のバランスをとることの大切さを教えた。

私は、もちろんそれも大切なことだが、その一方でリーダーたるものは、「自分のもてる力を存分に発揮するなら、成功しようが失敗に終わろうが、そんなことは問題ではない」という発想をもつことも大切だと思っている。なぜなら、そもそも結果を気にしていたら、何も生み出すことができないからだ。

「人生、意気に感ず」という言葉がある。人は情によって動くものだ。理論や知識もさることながら、最後は情にほだされて行動するということが多いし、結果的に成功することも少なくない。ただし、そのとき、実際にできそうもないことを口にしたり、大言壮語してもいいということではない。あくまでも、自分のもてる力を認識したうえで、それを存分に発揮しようということだ。

ところで、最近の若者は先を読みすぎて、行動を控える傾向があるようだ。無難な結果だけを念頭に置いているため、大きな第一歩が踏み出せないのだ。それでは自分らしい人生を送れないのではないだろうかと少々不安になるのは私だけだろうか。

野村の言葉

光を求めるプレーは楽だが、影となるプレーはつらいものである。

論語●衛霊公《えいれいこう》 第十五●

子曰わく、躬《み》自《みずか》ら厚くして薄く人を責むれば、則《すなわ》ち怨《うら》みに遠ざかる。

子曰、躬自厚而薄責於人、則遠怨矣、

【通解】

先生はおっしゃった。

「己れの身は厳しく戒め、他人を責めることに人間味あふれるおもんぱかりがあれば、他人から受ける怨みは必然的に遠ざかります」

「最近の人は光ばかり求めて影がない」。元首相の中曽根康弘氏がテレビでそんなことを話しているのを聞いて、なるほどと納得したことがある。中曽根氏のいう光とは、「目立ちたい」「注目を浴びたい」ということであり、影とは、人のために尽くす、下積み生活を送る、忍耐する、考え抜く、といった、目に見えない行為のことを指しているのだろう。そして私は、それはどんな社会にも通じる話だと感じた。

野球の世界でいえば、影のプレーとは、チームのために犠牲になる、チームのために研究する、創意工夫する、知識を得る、などということだ。バッテリーでいえば、外角にストライクからボールになる変化球を投げて相手の反応を見て、打者の心理を洞察するのも、一球ボールを投げるという犠牲心の上に成り立つ立派なチームプレーだ。

だが、多くの選手は、投手は力いっぱい投げて、打者はその球をフルスイングしたがるのだ。確かにファンも喜ぶだろう。だが、その一球を痛打されたり、あるいは凡打に終わったりすれば、最大の目標である勝利をものにすることはできなくなる。光を求めるプレーというのは実践するうえで非常に楽だが、影となるプレーはつらいものである。結果が数字に表れないし、拍手喝采を浴びることはない。それでも自らを厳しく戒め、他の選手、チームのために影となるプレーを厭《いと》わない。そんな人間味あふれる選手こそ、チームメイトからも慕われる真のプロ、リーダーといえるのだ。

野村の言葉

人間が道を切り開く。道が人間を切り開くのではない。

論語●衛霊公　第十五●

子曰わく、人能《よ》く道を弘《ひろ》む。道人を弘むるにあらず。

子曰、人能弘道、非道弘人、

【通解】

先生はおっしゃった。

「人間が常に努力することによって道は切り開かれるのであって、道が人間を切り開き拡充するのではありません」

「自分は運が悪い」とことあるごとに嘆く人がいる。確かに、運は存在するかもしれない。野球の試合でも、勝敗は運に左右されることもある。

だが、だからといって、すべてを運任せにするのは許されない。運などに支配されないために、勝つためのプロセスをつくり上げることが大切になってくる。

プロセスを形づくる中心には、「思考」がある。「思考」はまさに人間だけに備わった崇高な能力である。

そして思考、すなわち「ものの考え方」は、人として生きていくうえでの起点となる概念である。これによって行動が生まれ、習慣となり、やがて人格を形成し、運命をもたらし、そして運などというものに左右されない確固たる人生をつくり上げていくのだ。人間が道を切り開く。道が人間を切り開くのではない。

そういう意味でも、いかに若手を教育し、経験を積ませて〝思考の重要性〟に気づかせることができるか――それがリーダーに求められる大切な役割となる。

野村の言葉

進むべき正しい道を示し、あるべき姿に導いてこそ、真のリーダーといえる。

論語●衛霊公　第十五●

子曰わく、君子は貞《てい》にして諒《りょう》ならず。

子曰、君子貞而不諒、

【通解】

先生はおっしゃった。

「君子たる立派な人物は、長い目で見た正しさに生き、小さな目先の信義には生きていない」

金にあかしていい選手をかき集めたからといって、優勝できるとは限らないのが、プロ野球の醍醐味《だいごみ》だ。いくら個人として優秀な選手を集めてきても、それぞれの役目を果たさなくては、野球というスポーツではチームとして機能しないことはいうまでもない。

極端なことをいえば、ある程度能力があり優秀な選手であればあるほど、目先のことに目を向けるという危険性を秘めているからだ。

たとえば、下位打線に首位打者や打点王争いのトップをいく選手がいれば申し分ないチームができると思いがちだがそうはいかない。そんな選手に下位を打たせていたら、すぐに「なぜおれがこんな下位を打たなきゃいけないんだ」と不満を抱き、監督批判を繰り返すようになる。そして、そんな人間が増えれば増えるほど、チームはガタガタになっていく。

私は指揮官、つまりリーダーたるものは、選手たちに進むべき正しい道を示し、あるべき姿に導くことが大きな役割だと考えていた。

実際、戦力にならない選手を大勢集めてチームをつくったところで、いきなり結果を残せるほどプロ野球は甘くない。

私が楽天の監督になった二〇〇六年は、四十七勝八十五敗でリーグ最下位に終わった。だが、それは覚悟の上だった。どう考えても戦力が決定的に欠けていたからだ。

だから監督就任当初から、「つくる年、戦う年、勝つ年」と、三年をかけてのチームづくりをすることを明言していた。そして三年目の二〇〇九年、楽天はチーム初の開幕四連勝を果たす好スタートを見せ、四月を首位で終えた。その後、けが人が続出して五位まで後退したこともあったが、八月に入ると六連勝を含め通算十七勝七敗で乗り切り、十月三日の対西武戦の勝利で、ついにチーム初のクライマックスシリーズ進出を決めた。

クライマックスシリーズ第一ステージでは、ソフトバンクに二連勝して第二ステージに進出。残念ながら第二ステージでは日本ハムに一勝四敗で日本シリーズ進出は果たせなかったが、日本ハムのクライマックス優勝セレモニー後には、退任がすでに決まっていたことから、楽天・日本ハム両軍の選手・コーチに胴上げされるという栄誉も得た。

楽天の戦力はまだまだ十分整ったといえるまでにはなっていなかった。だが、チーム全体が正しい方向性に進んでいれば、多少の戦力不足など跳ね返せるということだ。

そのための心得をまとめると次の三つになる。

一、リーダーいかんによって組織全体はどうにでも変わる。

リーダーの存在がいかに大切かということだ。「水は方円の器にしたがう」という言葉がある。器（指揮官）が四角ければ水（組織）は四角く、円ければ円く、指揮官次第でどうにでも変わってしまうものなのである。

二、リーダーはその職場の気流にならなくてはならない。

これはまさに向かうべき方向に自分が率いる人間を巻き込むことができるかどうかということだ。ひとりひとりに仕事の意義を感じさせ、興奮させる。「感奮興起」という言葉があるが、意気を奮い起こさせる、それこそが指揮官の使命である。

三、リーダーの職務とは「壊す・創る・守る」ことである。

織田信長は旧価値社会を破壊した。豊臣秀吉は新価値社会を建設した。そして、徳川家康は既存の事業のロンダリングによる維持管理を実現した。組織を新しく再生させ、成長させていくには、この三つの作業を組み合わせることが必要になるのだ。

さらに、リーダーはチームの「まとまり」を目指さなくてはならない。「まとまり」とは、目的意識、達成意欲をみんなが同じようにもち続けることである。

まとまりを無視して、ただ能力の高い人材を集めて、個々の能力の合計＝チーム力と考えてしまうと、「これだけの人材を揃《そろ》えているのに、なぜうちは結果が出せないんだろう」というジレンマに襲われることになる。つまり、全員が〝勝とうぜ〟という気になるためには、リーダーが常に正しい方向を向き、それを目指していくこと、さらにそれをチームの全員に浸透させていくことが求められるということだ。長い目で見た正しさを求めるべきで、小さな目先にとらわれては組織の能力は発揮できない。

野村の言葉

人間は無視・賞賛・非難という段階で試されている。

論語●子張《しちょう》 第十九●

子夏《しか》曰わく、君子に三変《さんぺん》あり。これを望《のぞ》めば儼然《げんぜん》、これに即《つ》くや温《おん》、その言を聴くや厲《はげ》し。

子夏曰、君子有三変、望之儼然、即之也温、聴其言也厲、

【通解】

子夏はいった。

「君子のようすは三色に変わる。遠くから見ていたら、厳然としておごそかで、近くにくっつけば温かくおだやかである。そして言葉を耳にすると、厳しい」

孔子の弟子である子夏のこの言葉を私なりに解釈すると、次のようになる。

真のリーダーたる者は、遠くから見ている分にはいかにも泰然自若としており、おごそかに思える。また近づいていっても、温かく包み込んでくれるようなおだやかさを感じさせてくれる。

だが、本当の弟子に対する教えは生半可な気持ちでは聞けないほど厳しいものである。

これを現在の実社会に置き換えると、もっとシビアな形であらわれる。

人への評価は、「無視」「賞賛」「非難」という三段階に分けられて、そもそも、つきあっても仕方のない者に対しては「評するに値せず」とばかりに無視をする。まだまだだが、ひょっとしたら使い物になると思えば、おだてて、表面的には賞賛しつつ、つかず離れずの関係を保つ。そして、チームの中心選手になると「非難」という厳しい手段で育てていこうとする。

人間は、どうしても自分にやさしく接してくれる人を頼ったり、そういう人を人間のできた立派な人だと評価しがちだが、もし、自分にとって真のリーダーを見つけようと思うなら、厳しい言葉で指導してくれる人のなかから選ぶべきなのである。

野村の言葉

部下に優位性をもたせることもリーダーの仕事のひとつである。

論語●子張 第十九●

子貢《しこう》曰わく、君子の過ちや、日月《じつげつ》の食《しょく》するが如し。過《あやま》つや、人皆これを見る。更《あらた》むるや、人皆これを仰ぐ。

子貢曰、君子之過也、如日月之食焉、過也、人皆見之、更也、人皆仰之、

【通解】

子貢はいった。

「君子の過失はちょうど日食、月食のようです。みんなが見ています。そして君子が過ちを改めると、みんなが仰ぎ慕うものです」

孔子より三十一歳年下だった子貢が述べたこの言葉は、「指導者の態度には、太陽が欠け、月が欠けるように過ちもあるが、これを改めるとまた元のように円くなる。そして、その様子はみんなが見ている」ということだろう。

どんな指導者でも時として過ちをおかすことはある。だが、指導者たる人間は、仮に過ちをおかしても、それを改めることを知っており、そんな指導者だからこそ、みんなが仰ぎ見るというのである。

前述したが、野球の戦いには四つの要素がある。「戦力」「士気」「変化」「心理」だ。そのなかでも士気、すなわちムードは非常に重要だ。そのうちムードはほとんどが心理的な要素に基づいており、それをつくり上げる中心にいるのが監督だ。

そして監督が選手を見ているのと同様に選手も監督を見ている。つまり、監督が出すひとつひとつの策がチームのムードをつくり上げていく。

そのとき、選手に優位感をもたせることが大切だ。いいムードを一度、選手に植えつけることができれば、長くチームの財産になり、その積み重ねがチームの信頼関係を育んでいくのである。

とはいえ、感じる力や考える方法を知らない者にいくら言葉を尽くしても時間の浪費にしかならない。まず、選手自身のなかに疑問を生じさせ、向上するための知識欲が充満するのを待たなければならない。そのうえでやっと、感じる力、考える方法とはどんなものかを教えていけるのだ。その苦労は生半可なものではない。

深い愛情があってこそお互いの信頼関係が生まれ、より高みを目指すことができる。「情」をもって「知」を引き出し、「意」へと導く。その流れができて初めて、師弟間、あるいは先輩と後輩、教える側と教えられる側の理想的な関係が築き上げられるのである。

第三章

自分を導く本物の師の見つけ方

野村の言葉

プロであればあるほど、人との出会いは大切にしたいものである。

論語●里仁《りじん》 第四●

子曰《しい》わく、唯《ただ》仁者は能《よ》く人を好《よみ》し、能く人を悪《にく》む。

子曰、唯仁者能好人、能悪人、

【通解】

先生はおっしゃった。

「仁徳のある者、すなわち他人への真の愛情をもつ者だけが、人を好み、人を憎むことができるのです。ふつうの人は、私情で好きだとか嫌いだとかいうので、公平を欠きます。道に正しい人だけが、好むべき人を好み、憎むべき人を憎めるのです」

こんな私が、意外な選手に感謝されているということもある。その代表が阪神の桧《ひ》山《やま》進次郎である。私が阪神の監督をしていたとき、桧山に対しては叱ったことはあっても、「野球はこうだ、人生とはこうだ」と懇切丁寧に指導した記憶がない。別に彼のことが憎かったからでも、興味がなかったからでもない。ただふつうに接していただけだ。

だが二〇〇三年、確か阪神が優勝した翌日の新聞だったと思うが、彼のインタビューに目を通し驚いた。

「野村さんが阪神の監督だったときは、いっていることがよく理解できなかったんですが、いまになってやっとわかってきました」「場面、場面で、あっ、野村さんはこういう場面のことをいってたんだなというのを思い始めた」——そんな記事だった。

また、楽天の監督を辞めて、あるホテルにいたときのことだ。おそらくホテルの従業員が「野村さんがいますよ」といったのだろう。

岡田彰布《あきのぶ》監督（現・オリックス監督）、平田勝男ヘッドコーチ（現・阪神二軍監督）らが挨拶に来た後、選手で真っ先に来たのが桧山だった。そんなふうに思ってもみなかった選手から感謝を受けるのも指導者冥利《みょうり》に尽きるものだが、私との出会いを自分の成長の糧《かて》にした桧山も偉い。

人生はまさに一期一会だ。プロであればあるほど、人との出会いは大切にしたい。

野村の言葉

真正面から正直な気持ちで、直言をしてやったり、厳しく接したり、叱ったりすることも、立派な愛情なのである。

論語 ● 雍也《ようや》 第六 ●

子曰わく、人の生《い》くるや直《なお》し。これを罔《な》くして生くるや幸いにして免《まぬが》る。

子曰、人之生也直、罔之生也、幸而免、

【通解】

先生はおっしゃった。

「この世を生きるということは、本来まっすぐなものである。素直に己れの思うところに沿って生きていけばよいのです。すなわち、努力や工夫をともなわなくても、善は必然であり、悪は偶然のたまものであるから、まっすぐなのが自然です。それにしても、悪は偶然、往々にして発生します。その悪から辛うじて逃れながらみな生きているのです。いわば、目こぼしを受けて生きているのです」

人間の本性である正直さに従って、自分を偽ったり曲げたりせずに堂々と力強く生きていくことが、君子、すなわちリーダーとしての生き方だと論語はいっている。それで思い出すのが、江夏豊（現・野球解説者）とのことだ。彼は、私が南海の監督をしていた一九七六年、江本孟紀《たけのり》（現・野球解説者）とのトレードで阪神から移籍してきた。ただ、個性があまりに強く、友だちもできずいつも孤立し、一人ぼっちといった毎日を過ごしていた。阪神という人気チームから人気のないパ・リーグのチームに移ってきたせいか、「なんでおれがこんなチームに」と思っていることが態度に出ていた。

そのままでは、とても使い物にならないし、〝お山の大将〟状態の彼のことを真剣に考えてくれる仲間もいないから、毎日夜遊びし、家にも帰ってこなかったらしい。

そんなある日、江夏の奥さんのお母さんから、「監督と同じマンションを買うから彼を管理してほしい」といわれた。「家に帰ってこない。もう毎晩徹夜マージャンばかりだ」というのである。実際、マスコミにもあれこれと書かれていた。

当時、私は豊中《とよなか》のマンションに住んでいたが、しばらくすると、話があったとおり、彼はそのマンションの隣の部屋を買って引っ越してきた。それからは球場の行き帰りはもちろん、帰ってきても私の部屋に来て夜中まで話をするようになった。

そして、ついに真正面から彼と向かい合う日がやって来た。ある試合、二死満塁フルカウントの場面で、彼がとんでもないところに投げて押し出しとなり、結局、その試合は負けてしまった。私は、「おい！　今日はおれと一緒に帰ろう。車で送ってやるよ」と誘い、その車中で「おまえ、八百長やってないか。今日のあの球はなんだ。おまえみたいにコントロールのいいやつが、あんなとんでもないところにストレート投げるか？　おまえ、黒い霧事件のときに名前が挙がったことがあったな。正直にいえ。おまえのためにチームや仲間やおれまで大迷惑なんだよ」と、興奮してまくしたてた。

彼は、最初、冗談として受け流そうとしていたが、私のあまりの剣幕に、「絶対にやってない。天地神明に誓ってやってない」と答えた。だがそこで、「ああ、そうか」と終わってしまっては何も変わらないと思った私は、言葉を続けた。

「新聞、マスコミを含めて、おまえが変な投球をするたびに〝臭い〟と思う人間がたくさんいる。そんな人たちから信用を取り戻そうにも、おまえが〝やってない〟と百万回いったところで何の説得力もない。マウンドに登ったときにピッチングで示すしかない。時間はかかってもそれしかないんだ」と——。

彼は、私の話を黙って聞いていたが、やがてこういった。

「いままで何人かの監督に会ったけど、そういういいにくいことを、正直に、はっきり面と向かっていわれたのは監督だけだ。いままでの監督は上手《じょうず》しかいってこなかった」

彼が私に対し、野球人としての敬意を払ってくれるようになり、真剣に耳を傾けるようになったのはそれからのことだった。そして、何かあれば私の部屋に来て、「今日、あの場面でなぜストレートのサインを出したのか」「なんであそこでカーブを要求したんだ」と、私を質問攻めするようになった。

その後、江夏は、「ストッパー」として大活躍したのは周知のとおりである。私自身も、江夏から大切なことを学んだと思っている。

それは、選手を立派に育てたい、立派な人間にしてやりたいと思ったとき、何も誉めたり優しく接することだけが愛情ではないということだ。真正面から正直な気持ちで、直言してやったり、厳しく接したり、叱ったりすることも、立派な愛情なのである。

自分にとって本当の師を見つけたいと思ったとき、思い出してほしいことである。

野村の言葉

「人を育てるということは、自信をつけさせる」ということだ。

論語 ● 子罕《しかん》 第九 ●

子曰わく、後生《こうせい》畏《おそ》るべし、焉《いずく》んぞ来者《らいしゃ》の今に如《し》かざるを知らんや。四十五十にして聞こゆることなきは、これ亦《また》畏るるに足らざるのみ。

子曰、後生可畏也、焉知来者之不如今也、四十五十而無聞焉、斯亦不足畏也已、

【通解】
先生はおっしゃった。
「後輩、青年というのは畏敬すべきです。これからの世の中を背負う人がどうして私たちの世代の者に及ばないといえるか。人間の社会は常に進歩の過

程にあります。未来の人間こそ大事なのです。しかし、四十、五十にしてなんの成果も上げえず、少しばかりの名も上げられない者はこれまた畏敬に値しません」

次の世代を築いていく後輩や青年を育てることは非常に大切なことだ。ところが、何を勘違いするのか、いつまでも過去の実績を持ち出しては、自分の存在を必要以上に高く見せようとする人がいる。そして、そういう人に限って、年若い後輩をバカにしたり、ないがしろにして、未来の芽を摘んでしまうという愚行を繰り返すからやっかいだ。

突き詰めていえば、「人を育てるということは、自信をつけさせる」ということだ。人の成長にとって、自信こそが最大の糧であり、それさえできれば、指導者としての使命はほぼ完遂したといってもいいほどだ。逆にいえば、そんな師を見つけることがいかに大切であるかということだ。

ところで、孔子は「四十、五十にしてなんの成果も上げえず、少しばかりの名も上げられない者はこれまた畏敬に値しない」と続けている。

だが、私はその教えには少々反論したい部分もある。

おそらく、孔子は、「人間四十、五十になるまでに実績を上げられないようでは望みがない」といいたかったのだろうが、私は、人間の成長に年齢など関係ないと思っているのだ。たとえば、小早川毅彦《たけひこ》（現・野球解説者）がいい例だ。

彼は一九九六年オフ、広島を自由契約になり、翌年、私が率いていたヤクルトの一員となった。私は、彼の潜在能力はまだまだ使えると踏んでいた。だが、話してみてわかったことがあった。「おまえ、配球を読んだりしたことはないのか」と聞いたところ、即座に「ありません」という答えが返ってきた。つまり、彼はもって生まれた天性だけで野球をしていたのだ。

そこで、私が「もっと考えてバッティングしろ」というと、「いったい、何をどうすればいいんですか」。それには少々あきれてしまったが、私は初歩から教えてやることにして、まず「己れを知れ」と言い渡した。バッターにとって最大の課題は「変化球への対応」だ。落合博満（現・中日監督）やイチローのような天才バッターは別だが、来るボールをただ待っていて打てるほどの対応力のある選手はほとんど存在しない。小早川もそうだった。

そして、九七年、開幕戦の日がやってきた。相手は巨人、先発は三年連続で開幕を完封勝利で飾っていた斎藤雅樹（現・巨人一軍投手コーチ）だった。私は、小早川に斎藤の配球傾向をつぶさに伝授して命じた。

「ボールカウントが〇－二や一－三のようなボール先行カウントになったら、斎藤は必ずアウトコースのボールゾーンからカーブを放ってくる。それを狙って打ち返せ」

小早川は忠実に私のアドバイスに従った。その結果はホームラン。それだけで終わらなかった。その日、彼は斎藤から三打席連続のホームランを放ったのである。

小早川は「野球がこんなに奥深いものだということを初めて知りました」といってくれた。だが、実際にプレーをして結果を出すのは、選手自身であり、手ごたえをつかむかどうかは本人の意識次第である。

結局、小早川がみごとに再生したのは、私のアドバイスを受け入れて、「己れを知る」という意識をもつことで三本のホームランを放ち、自信を得たからだと思う。

その年、小早川は三十六歳になっていた。孔子のいう四十、五十歳にはなっていなかったが、プロ野球選手の寿命はそれほど長くない。一般社会に置き換えるならば、十分に四十、五十歳に匹敵するベテランだった。それにもかかわらず、百十六試合に出場して、私のヤクルト時代の〝最後の優勝〟に大いに貢献してくれた。

つまり、ベテランといわれる域に達してもなお、「うまくなりたい」と念ずる心さえあれば成長は止まることはないということだ。教えを素直に受け入れるかどうかに年齢など一切関係ないのである。

野村の言葉

依頼心が強すぎると、人間の思考力は著しく衰える。

論語●先進《せんしん》 第十一●

子曰わく、回《かい》や我を助《たす》くる者に非《あら》ず。吾《わ》が言に於《お》いて説《よろこ》ばざるところなし。

子曰、回也非助我者也、於吾言無所不説、

【通解】

先生はおっしゃいました。

「顔回という弟子はどうにも私の学問の協力者にはなれない。私の話すことをそっくり喜んで聞いているだけで、質問も提案もない。あれは、本当に良い協力者ではないね。時には反論してくれたらどうだろうね」

野球選手は、「自分はなぜプロ野球選手になったのか」という基本的な目的意識をもったうえで、他の選手との「差」を感じ、それを埋めるために頭をふりしぼり、努力できる者だけが一流選手として生き残っていく。この鉄則はいまでも変わらない。

だが、選手をとりまく環境は、私がプロ野球選手となった頃とはずいぶん変わってきた。私の場合、時代的にも自分で考え、観察するしかなかった。だがいまは、球団がバッティングコーチ、ピッチングコーチはもちろん、バッテリーコーチ、守備・走塁コーチからコンディショニングコーチまで揃えている。コーチが手取り足取り指導してくれるのだ。

そこで新たな問題が起きてきた。教えてもらえることを前提に練習する選手が多くなったのだ。試合や練習をして気になる点があれば、コーチの方から声をかけてくれると思い込んでいる。

だが、依頼心が強すぎると、人間の思考力は著しく衰える。思考が止まれば、当然、進歩も止まる。だからこそ、まずは自分の頭で疑問を感じ、考え、行動に移し、そこに違和感があればさらに考え行動するという姿勢が肝要なのである。師をもつことはもちろん大切だが、その師に対して萎縮することなく、どんどん意見を述べたり、質問をして己れを育てるべきだということだ。

野村の言葉

監督の役割は、選手の能力を最大限に伸ばしてやることだ。

論語●顔淵《がんえん》第十二●

子曰わく、君子《くんし》は人の美を成し、人の悪を成さず。小人《しょうじん》はこれに反す。

子曰、君子成人之美、不成人之悪、小人反是、

【通解】

先生はおっしゃった。

「立派な人物は他人の美なること、善なることを手助けし完成させる。悪事には手を貸さない。至らぬ者は、人の悪事の後押しをし、人の善事の邪魔をする」

私の持論に「タイトルは三年で獲れなければ、好運がない限り獲れない」というものがある。三年とはレギュラーになって三年ということだ。

もちろん、なかには野茂英雄や上原浩治（現・シカゴ・カブス）や松坂大輔のように新人の年にタイトルを獲る者もいるが、王貞治やイチロー、松井秀喜、落合博満などのようにタイトルの常連となる選手はみんな、この「三年以内」の法則に当てはまる。

むろん例外はある。原辰徳（現・巨人監督）や、私がヤクルト監督時代の広澤克己のように、タイトル争いの候補に入れられながら逃してきたものの、それでもなんとか努力して、野球人生の中盤、あるいは晩年についに獲得する選手もいる。だがそういった選手は不思議となかなか続かない。清原和博が典型だ。彼は落合を上回る五百本を超えるホームランを打ちながら、ついに無冠で終わった。

監督の役割は、選手の能力を最大限に伸ばしてやることである。三年間のうちに自分の人生論を身につける手助けをしてやらなければならない。「三つ子の魂百まで」というが、いい指導者のもとで若いときに学んだ経験や学習は、あとになって必ず生きる。

逆にそのときに苦労しなかった選手、考えなかった選手はベテランになってからも同じ過ちを繰り返す。そのためにもいい指導者とめぐり合うことが大切だといえよう。

野村の言葉

人との出会いを大切にすると同時に、語り合うべき仲間を選ぶべし。

論語●衛霊公《えいれいこう》 第十五●

子曰わく、与《とも》に言うべくしてこれと言わざれば、人を失う。与に言うべからずしてこれと与に言えば、言《ことば》を失う。知者《ちしゃ》は人をも失わず、亦《また》言をも失わず。

子曰、可与言而不与之言、失人、不可与言而与之言、失言、知者不失人、亦不失言、

【通解】

先生はおっしゃった。

「話をして語り合ってもよいのに、無精、気後れなどでその人と会話しなかった。これは、その人を見過ごしたということになります。逆にまた共に話し合うべき相手でもないのに語り合うのは、言葉をむだにしたことになります。知恵ある者は、人をとりにがさず、言葉をむだにしません」

私は西武で現役を引退し、解説者として活動していた時期に、東京のシニア・リトルリーグ、「港東ムース」の監督をしていた。プロだけが野球ではない。少年野球とはいえ、私も子供たちも真剣だった。そのなかで強く感じたことがある。

それは、野球の指導や教育の原点は少年野球にあるということだ。ひとりひとりの素質を見抜き、素質を認め、その素質をどう育てていくか。私が子供たち相手に学んだことは非常に多かった。

育成法、攻略法など、後に、ヤクルトや阪神で行なった指導のかなりの部分が、実は、「港東ムース」の監督をしていて学んだことを基礎としているといってもいいほどだ。

シニア・リトルリーグとは、リトルリーグを卒業した、主に中学生が対象なのだが、その年代の子供の身体的な成長には目を見張るものがあるし、体に合わせて能力も変わってくる。二年生のときはバットをもつのもやっとだった子が、三年生になったら軽々と振り回すようになる。進歩とは変わることだが、日々変わっていく子供たちの成長過程を見ているだけでも楽しいものだった。

何より子供たちは、私を全面的に信頼して、監督に教えてもらうことは百パーセント正しいと信じているのが伝わってきた。そうなると、私のほうも間違ったことは教えられないという思いが強くなり、真剣に「彼らに正しい努力をさせているかどうか」「正しい方向へ導いているかどうか」と思いをめぐらすことになった。

正直、子供を相手に指導するのは初めてのことだったから、完全に自信がもてないこともあった。アドバイスの途中で躊躇《ちゅうちょ》したこともあるし、教えてからも「あれでよかったのか」と考えさせられたものだ。

何しろ、子供たちは私の言葉をまるでスポンジが水を吸うように吸収していくのだ。もし私の指導が間違っていたら、何年後かにそれに気づいても修正するのはたいへんだ。監督という立場にある以上、プロだろうが少年野球だろうが、責任をもって接しなくてはならないことはいうまでもなかった。監督が選手の野球人生、いや一生涯を変えてしまう可能性もある。それだけに責任重大だった。

だが、彼らとの交流は実に有意義なものだったと思う。彼らにしてみれば、「元プロ野球選手の野村さんに教わった」という記憶が生涯残っていくだろう。一方、私自身も、指導しながら日々反省するというたいへんな日々だったが、いい勉強になった。

孔子は、弟子に「人との出会いを大切にすると同時に、語り合うべき仲間を選ぶように」と教えているわけだが、私にとって、子供たちと出会い、交流し、語り合ったことはまことに貴重な体験であり、楽しい思い出となっている。時として、子供に学ぶことも少なくないのだ。

野村の言葉

生きていくうえで貴重なヒントをあたえてくれる「先人の教え」を学ぶことも大切だ。

論語●衛霊公　第十五●

子曰わく、吾嘗《われかつ》て終日食せず、終夜寝《い》ねず、以て思う。益なし。学ぶに如《し》かざるなり。

子曰、吾嘗終日不食、終夜不寝、以思無益、不如学也、

【通解】

先生はおっしゃった。

「私はかつて一日中食を断ち、一晩中寝ずに思索をした。しかし、なんら得るものはなかった。本を読む経験の蓄積に、遠く及ばないことを痛感しました」

たとえば、「観見二眼」――これは、宮本武蔵の『五輪書』に出てくる言葉である。「観の目」は止観すなわち鏡に映す目のことで、無意識の目とでもいえる。一方、「見の目」は意識する目である。武蔵は、この二つを使いこなしてこそ、事の本質を理解することができると説いた。

私は『五輪書』を読んで思った。

これはまさに野球という勝負の世界で生きる者にとって、欠かせない資質である。投げて、打って、走るという単純な対象だけを見る自分と、その裏側にある味方や敵の心理、欲得を観るもうひとりの自分。つまり、主体と客体を同時に得て初めて、選手としてステップアップするきっかけをつかめるということを教えてくれる。

先人が残した教えのなかには、現代社会でも十分に活かせるものが数多い。それを学べるのが読書である。

最近の若者は、本を読まないというが、実にもったいない話だ。本を読むという経験を積んで、生きていくうえで貴重なヒントをあたえてくれる「先人の教え」を学ぶことも大切だ。

第四章

礼節を知り、徳を磨く生き方を学ぼう

野村の言葉

甘やかされた組織は自己中心的な人間の巣窟《そうくつ》となる。

論語●学而《がくじ》第一●

有子《ゆうし》曰《い》わく、その人《ひと》と為《な》りや孝悌《こうてい》にして、而《しか》も上《かみ》を犯すことを好む者は鮮《すく》なし。上を犯すことを好まずして、而も乱を作《おこ》すことを好む者は、未《いま》だこれあらざるなり。君子は本《もと》を務む。本立ちて道生《な》る。孝悌はそれ仁《じん》の本為《な》るか。

有子曰、其為人也孝悌、而好犯上者鮮矣、不好犯上、而好作乱者、未之有也、君子務本、本立而道生、孝悌也者、其為仁之本与、

【通解】

先生の弟子の有さまはおっしゃった。

「生まれつきの人柄が善意に満ち、祖先によく仕え、地域社会の道徳をわきまえた者は、まず目上に逆らったりはしません。こういう人が、乱や無秩序状態を起こすことも、これまでかつてありません。いずれリーダー、監督、指導者になるような者は根本を大事にします。大事にした根本が確立して初めて、生きる道、人と人の道理が自然に生まれます。すなわち、この根本とは、祖先、地域社会を大事にした〈善なる人柄〉です。この人柄が、仁徳を行なう基本となります」

チームスポーツである野球で自己中心の選手が出始めたら、その組織は勝てるはずがない。それを感じたのは、ヤクルトの監督から阪神の監督になったときのことだった。

ヤクルトと阪神では選手の質が明らかに異なった。能力ではない。環境が与えた選手の自覚、いわば精神年齢とでもいったらいいのだろうか。ヤクルトが大人なら阪神は子供……それぐらい阪神の選手は甘え体質に陥っていた。

誰が甘やかすのかといえば、まずファン、タニマチ、そして在阪のスポーツ新聞である。甲子園球場はチーム状態がどんなときでもそこそこお客さんが入る。広島やヤクルト、横浜、パ・リーグの球団と比べたら相当に恵まれていた。

ただそのファンの温かさを選手が自分勝手に解釈するから、阪神という球団はおかしくなった。

選手はチーム成績が悪くなると、みんな、「お客さんのためにも自分たちは一生懸命やる」という。そのこと自体は悪いわけではないが、実際には阪神の選手は優勝争いから脱落すると「チームが弱いのは監督と球団のせいだ。これからは自分の（給料を上げる）ために頑張る」という理屈でプレーするようになる。

それでチームが勝てるはずがない。

また、タニマチについては、人気商売である以上、その存在を全否定するつもりはない。熱狂的なファンと思えばいい。だが阪神のタニマチは特殊だった。

選手を連れて遊びに行く。それはそれでいい。ところが、そこで監督の悪口をいう。「あの監督は全然野球がわかっとらん。ちゃんと見ていれば、おまえを使わないわけがない」などと選手に耳打ちするのだ。

阪神の監督を辞めたあと、あるパーティーで「私は阪神選手のタニマチをやっていたんです」という人に会った。「そうですか。それはお世話になりました」と何気なしに挨拶したところ、意外な言葉が返ってきた。

「こういっては失礼だけれども、野村さんが監督のときも〝ああ、阪神は優勝できないな〟と思いました。なぜかといえば、選手同士の会話が普通じゃない。〝おまえは監督に嫌われてる〟〝あいつは監督に好かれてる〟って、そんな話ばっかりしていました。選手が監督に好かれてるとか嫌われてるとかそんな次元の話をしてるようじゃ、ああ野村さんが監督になっても阪神は勝てないなと思いましたよ」

その人は良識人だったから嫌悪感を感じたのだろうが、たいていのタニマチは選手を諭《さと》すどころか、むしろけしかけていることが多い。

「あんな監督、どうせすぐにいなくなるんだから、二軍に落とされてもちょっとの辛抱や」「いうことを聞いても、どうせすぐにクビになっていなくなる監督だぞ」など

など。

いくら選手に一生懸命、犠牲心やチーム主義を説いても、一歩外に出たら、選手をおだて、一緒になって監督の悪口をいうタニマチがついてまわる。これではいくら教育しても無意味だった。甘やかされた組織は自己中心的な人間の巣窟《そうくつ》となるばかりだ。

こうしたことは、野球の世界に限ったことではない。一般社会でも、たとえば、取引先の社長や上司の悪口をいう者は存在する。そういう人間とつきあっていてもろくなことはない。まずは自分の所属している組織と仲間を大切にする——孔子のいう〈善なる人柄〉が、自分を成長させる第一歩だと考えるべきなのである。

野村の言葉

美辞麗句を並べる者にろくな者はいない。できるだけ遠ざけるべきだ。

論語●学而 第一●

子曰わく、巧言令色《こうげんれいしょく》、鮮《すく》なし仁《じん》。

子曰、巧言令色、鮮矣仁、

【通解】

先生はおっしゃった。

「巧みな話しっぷり、よくまわる舌、飾りたてた言葉、揉《も》み手をしてくるような顔の表情、こういう者に真実味はない。徳も少ない」

プロ野球の世界にも、毎年、多くの有望な若者が入ってくる。だが、その一方で、超大物といわれていながら辞めていく選手も数多い。どの時代も、スカウトは「この選手は将来チームの中心選手になる」「将来タイトルを争える選手になる」などといって選手を推薦する。だがその期待どおりになった選手などごくわずかなのである。「巧言令色、鮮なし仁」「剛毅木訥《ごうきぼくとつ》、仁に近し」はあまりにも有名な言葉だが、まさに、頭のよさそうに見える人物ほど人望薄く、度量深き者こそ人徳に恵まれる傾向にあるということだ。

だが、現代社会においては、どうも口がうまく、如才なく立ち回れる人間が得をする傾向が強くなっているような気がしてならない。才気煥発《かんぱつ》であることがもてはやされ、人物の〝器〟がないがしろにされている。

それは、どんな世界でも同じだろう。こちらの調子がいいときに、すり寄ってきて、おべんちゃらを次々と口にするような人物とつきあっても、後々、手のひらを返されて不快な思いをするだけだ。彼らは、金儲けに利用しようと考えているか、面倒を見てやったと自己満足に浸りたいだけなのだから。チヤホヤされるのは確かに心地いいことかもしれない。しかし、美辞麗句を並べる者にろくな者はいない。真実味も徳もない、このような者はできるだけ遠ざけるべきなのだ。

野村の言葉

〝考える〟という行為が、己れを本当に知るための第一歩だ。それが人生のエキスになり、人として生きるうえで大切な、謙虚さ、素直さを涵養《かんよう》する。

論語 ● 為政《いせい》 第二 ●

子曰わく、由《ゆう》よ、汝《なんじ》に知ることを誨《おし》えんか。これを知れるをこれを知るとなし、知らざるを知らずとせよ、これ知るなり。

子曰、由、誨汝知之乎、知之為知之、不知為不知、是知也、

【通解】

先生はおっしゃった。

「由よ、きみに教えておきます。知るというのは、どういうことか。自分の

知っていることは、知っていると他人にいっていい。しかし、知らないことは知らないといわなければいけない。知ることとは、己れがきわめた道といい換えてもよい。努力して己れが身につけたことは、他人に伝えてよい。しかし、己れの身になっていないことを、披瀝《ひれき》してはならない」

由は、子路といい、孔子の弟子のなかで勇を好んで著名だった。勇にかたむくあまり、奇矯な行動を取った。そこで先生がやんわり諫《いさ》めた訓《おし》えである。

私たちの社会では、いかに人間関係を円滑に生きていくかということが、人生の大きな比重を占めるものだ。しかし、この円滑な人間関係をつくるのがなかなかやっかいだ。正直にいうと、私自身口下手だし、実際それほど人づきあいが得意なほうではない。

それでもなんとか、野球の世界で生きてこられたのは、ここまで述べてきたように、本を読み、人と接するなかで、野球に限らず、さまざまなことを勉強し、それで得た知識や知恵をもとに「頭脳」をフル稼働させてきたからだと思っている。

そもそもプロ野球選手は職人気質《かたぎ》が多いせいか、この点がたいそう欠落している。「自分ひとりでうまくなった」「自分で勝てた」と錯覚している者が少なくない。

特に、ドラフト上位でプロ入りしてきた選手のなかには、プロ入りした段階ですっかり満足してしまい、天性のみに頼り、「成績さえ上げればいいんだろう」とばかりに、チーム（組織）における人間関係など二の次にしてしまう者が多いのだ。

そして、その多くは人として成長できないまま、いたずらに時を過ごして、いつの間にか、傲岸不遜《ごうがんふそん》な人間になっていく。

だが実は、自分は評価に値する人間だと思っているのは本人だけで、周囲の人はまったく評価していないということがよく起きる。天性のみを当てにして、〝謙虚さ、素直さ〟という、人として大切なものを身につけていないがゆえに、チームのなかで浮いた存在となっていくのだ。

その結果は明らかだ。せっかく優れた才能を持ち、もっと大きな果実を手にすることができる可能性を秘めているにもかかわらず、壁に突き当たり、道半ばにしてプロ野球の世界から去っていくことになってしまう。それぱかりではない。人として成長していないために、現役後の人生でも苦労することになる。

もともと、テスト生としてプロ野球の世界に入り、どん底から這い上がってきた私にしてみれば、想像を絶することなのだが、彼らは野球選手を辞める段になって初めて、自分の愚かさに気づき、「もっと考えて努力しておけばよかった」と後悔するのだ。

だからこそ私は、監督時代、選手たちに対して、「人生観とか人間学とか、社会学、組織学など、一見、野球とは関係ないと思えるようなこともひととおり勉強して、知っていたほうがいい」とよく話していたし、さらにはそうした知識をもとに〝頭脳を働かせること＝考えること〟の大切さも説いてきた。

「考えたことがないのなら一回ぐらい考えておけ。それでも罰は当たらんぞ」と――。

〝考える〟行為が、己れを本当に知るための第一歩になり、人生のエキスになっていく。そして、どんな世界であれ、人として生きるうえで大切な、謙虚さ、素直さを涵《かん》養《よう》していくのだ。

プロ野球の世界からは、毎年、多くの選手が「戦力外通告」を受けて去っていく。それを横目に、「明日は我が身」と緊張感をもって練習に取り組むのも結構なことだが、それ以上に〝考えること〟を怠った者から脱落していくという事実を教えたい。

何事であれ、考えに考え、努力に努力を重ねなければ、本当に知ることはできないのだ。

野村の言葉

見ている人は、ちゃんと見ている。人との出会いを大切にして、礼をつくすことが大切だ。

論語●為政　第二●

子曰わく、その鬼《き》に非《あら》ずして祭るは諂《へつら》いなり。義を見て為《せ》ざるは勇なきなり。

子曰、非其鬼而祭之、諂也、見義不為、無勇也、

【通解】

先生はおっしゃった。

「鬼とは先祖の霊魂です。ところが、自分の先祖の霊魂でもないのに祭る人がいます。これは卑しむべき卑屈なおべっかです。一方、人の義務として果

たさなければならないことに尻込みするのは、勇気のない人間です。当然なすべきことならば進んでしなければなりません。すなわち、たとえば他人の鬼を祭るような、してはならないことをする。すべきことをしない。心して、峻別し、行動を起こしましょう」

孔子の在世した春秋時代の魯《ろ》は、権力者が流行している新興宗教を信仰した。たとえ権力者が信仰しても、祭るべきでないと思った宗教は祭ってはいけない。

一九八九年のペナントレースが終了して間もなくのことだった。ヤクルトの相馬和夫球団社長から連絡があった。相馬さんは私を訪ねてこられてこういった。

「ぜひ監督になって、ウチの連中を教育してほしい」

私がユニフォームを脱いでからすでに九年が過ぎていた。評論家として活動していたものの、突然の話だった。

そんな私に相馬さんは言葉を続けた。

「あなたの解説や評論を新聞などで見聞し、この人だったら変えてくれると確信したんです」

私は驚きながらも気持ちが高ぶるのを止めることができなかった。

華のあるスター選手に監督を要請するのなら理解もできるが、自分でいうのもなんだが、こんな地味で陰気な男に監督を要請するとは、よほどの決意があるに違いなかった。

同時に、私は自分が積み上げてきた野球に関する知識や、熱い情熱をちゃんと受け止めてくれる人がいたことに感激した。

まさに、「義を見て為《せ》ざるは勇なきなり」だった。私のようなものを信じて、チームを任せるといってくれているのだ。それに応えないわけにはいかない。私がそんな心境になったのはいうまでもない。

「士は己れを知る者のために死す」という言葉もある。見ている人は、ちゃんと見ているのだ。どんな仕事にせよ信念をもち続けること、そして、人との出会いを大切にして礼をつくすことがいかに大切かということだ。

ところで、最近、若い人の話を聞いていると、「こんなに頑張っている自分を誉めてやりたい」とか「頑張った自分にご褒美を」などという言葉をしばしば耳にする。そのたびに私は何をいってるんだという気持ちになってしまう。自分を誉めるなんて自己満足の塊のようなものだ。

そもそも、自分に対する評価というものは決して自分自身で下せるものではない。「これだけの実績があって、自分でもよくやってきたつもり」と自己分析したところで、何の役にも立たない。

ましてや甘い自己評価は、満足、妥協、限定という「三大タブー」を引き起こす元凶であり、百害あって一利もない。そもそも評価とは常に変化していく「生き物」のようなものである。自分が気づかないうちにどんどん変わっていく。そのつど他人から下されて初めて意味をもつものである。

だからこそ、自分を厳しく律することが求められる。「自分にご褒美を」などと甘えたことをいっていても始まらない。人との出会いを大切にし、礼をつくして、自分を厳しく導いてくれる本物の師をもつことが大切だ。それが自分の徳を磨く第一歩となる。

また覚えておいてほしいのが「人間、三人の友をもて」という言葉である。

その三人を私流にいえば、〝原理原則を教えてくれる人〟〝師と仰ぐ人〟〝直言してくれる人〟の三人ということになる。人として生きていくうえで欠かせない原理原則を教えてくれる人、尊敬できて素直に教えを乞える師、そして耳に痛いこともストレートにアドバイスしてくれる友、といったところである。

そんな、損得抜きの三人の友が身近にいれば、仁も徳も自然と自分自身の身につき、表面的な技量や言葉に踊らされることなく、真の意味で仲間どうしがよく親和する、すばらしい組織がつくれるものである。

野村の言葉

人は権力や裁量をもてばもつほど、謙虚に寛容に振る舞うべきである。

論語●八佾《はついつ》　第三●

子曰わく、上《かみ》に居《い》て寛《かん》ならず、礼を為《な》して敬《けい》ならず、喪《も》に臨んで哀《かな》しまずんば、吾《われ》何を以てかこれを観《み》んや。

子曰、居上不寛、為礼不敬、臨喪不哀、吾何以観之哉、

【通解】

先生はおっしゃった。

「いかなる組織においても人の上に立つ者に求められるのは、寛容の気持ちです。そして、儀式をとりおこなうときに必要なものは人としての敬意。葬

儀に必要なものは、心から捧げる哀悼。
これら寛容、敬意、哀しみの重要な徳がない者には、私は何もいうべき言葉を持ちません」

近年、世の中には「勝ち組、負け組」などという言葉があふれ、リストラを断行したり、下請けを切り捨てて、会社の利益を上げたものが高く評価されているという話を、よく聞く。

だが、寛容の気持ちをもたず、人とのつながりを大切にしない組織が健全に成長できるはずがない。切り捨てられた人は、二度とその組織のために働いてやろうなどとは思わないからだ。

同様にプロ野球でも、若い才能を大切に育てていこうとしないチームは、たとえ大金を支払って優秀な選手を引っ張ってきたところで、一時的な勝利を得られても、それを長年にわたって積み重ねていくことはできない。

結局、大きな権力や裁量をもてばもつほど、人は謙虚に寛容に振る舞い、自分の組織を形づくっているみんなの幸福を願って行動しなければならないということなのだ。

野村の言葉

利益や効率のよさばかり追ってはいけない。

論語●里仁《りじん》第四●

子曰わく、利に放《よ》りて行なえば、怨《うら》み多し。

子曰、放於利而行、多怨、

【通解】

先生はおっしゃった。

「何事も利益ばかり求めて行動すれば、人のやっかみ、人の反感を買うばかりです」

プロ野球選手である限り、より高い年俸を求めるのは自然なことである。だが、実力もないのに利益だけを追求していては、まわりの人間から嫌われ、孤立してしまう。それが個人スポーツの選手ならまだいいが、野球はチームワークを基にしたスポーツだ。孤立してしまうと、居場所を失い、もはや食べていくこともできなくなってしまう。実際、私は、才能のある多くの選手がそうやって辞めていくのを見てきた。

一方、「不器用は天才に勝る」という言葉もある。私は五十年以上、その信念で野球に向き合ってきた。

もともと人間なんて、能力に大した違いはない。百六十キロ以上のボールを投げた選手が何人いたというのか。年間を通して、打率四割、ホームラン六十本を打った選手がいたのか。実は、そんな選手はいない。ならば、負けない努力をすればいいだけだ。

私もそうだ。無名の高校からテスト入団でプロの世界に入り、なんとか生き延び、最終的には頂点まで這い上がることができたのだ。

ちなみに、金がそれなりに入ってくるようになったのは、かなり後になってからのことだ。とにかく、利益や効率のよさばかり追わず、「不器用は天才に勝る」という一念で、努力を続けているうちに年俸も自然に上がっていった。お金は後からついてくる。

野村の言葉

〝控えめな生き方〟を忘れてはならない。

論語●里仁 第四●

子曰わく、約《やく》を以てこれを失《あやま》つものは鮮《すく》なし。

子曰、以約失之者鮮矣、

【通解】

先生はおっしゃった。

「倹約を心がけていれば、失うものは少ない。

これは金銭だけのことではなく、生活ぶりや、考えそのものにおいて控えめな人は失敗することは少ないということです」

「おかげさまで」

夏がくると冬がいいという、冬になると夏がいいという
太ると痩せたいという、痩せると太りたいという
忙しいと閑《ひま》になりたいという、閑になると忙しいほうがいいという
自分に都合のいい人は善い人だと誉め、自分に都合が悪くなると悪い人だと貶《けな》す
借りた傘も雨があがれば邪魔になる
金をもてば古びた女房が邪魔になる、世帯をもてば親さえも邪魔になる
衣食住は昔に比べりゃ天国だが、
上を見て不平不満に明け暮れ、隣を見ては愚痴ばかり
どうして自分を見つめないか、静かに考えてみるがいい
いったい自分とは何なのか
親のおかげ、先生のおかげ、世間様のおかげの塊が自分ではないのか
つまらぬ自我妄執《じがもうしゅう》を捨てて、得手勝手を慎んだら世の中はきっと明るくなるだろう
おれがおれがを捨てて、おかげさまでおかげさまでと暮らしたい

これは、私が、楽天の監督に就任する直前に書いた『野村ノート』（小学館刊）で

紹介した言葉だ。

シダックス監督時代、ヤクルトの二軍グラウンドで練習する機会があったとき、ロッカーに立ち寄ったところ目にした言葉である。

ある社会活動家の言葉だそうだが、そのとき、ハッと思い当たることがあった。いまの選手にもっとも欠けているものが、〝感謝の心〟〝謙虚な気持ち〟にほかならないということだった。

「ありがとう」という〝感謝の気持ち〟や「おかげさまで」という〝謙虚な気持ち〟をもって生きること、すなわち〝控えめな生き方〟を忘れてしまっているのだ。それを忘れてはならない。

現役時代の私は、親に楽をさせたいという思いが人一倍強かった。

いや、私ばかりではない。われわれの時代、一流と呼ばれる人たちの多くは、「親孝行したい」という思いを原動力としていた。それは、すなわち純粋な感謝の心の発露であった。

一方で、「おかげで好きな野球を続けていられます」という気持ちもあった。

自分の力だけで野球で食えるようになったわけではない。親はもちろんだが、それ以外にもいろいろな人との出会いがあったからこそいまの自分があるのだ、という謙虚な気持ちだ。そのふたつを忘れては人間的な成長は望めないということだ。

ところで、「おまえ、成長したな」といわれて、「別に変わったところもないのに……」と意外な思いに駆られたことはないだろうか。

だが、そんなとき、よくよく考えてみると、そのきっかけが先輩や上司の言葉だったり、行動だったりすることに気がつくはずだ。

誰かの言葉や行動を、聞いたり見たりすることによって、自分の間違いに気がついて、知らず知らずのうちに、自分の行動パターンを修正していた。それに気づいたまわりの人が「おまえ成長したな」と評価してくれたのだ。

「人生とは幸福への努力である」とトルストイはいっているが、「仕事」と「人生」は切っても切れない関係にある。

つまり、仕事を通して成長と進歩があり、仕事は人生と直結しているということだ。

さらにいうなら、仕事の場には、優れた先輩や上司が必ず存在しているものだ。自分の会社にいなければ、業界を探せばいい。その業界にいなければ、他の業界の人でもいい。そんな人を見つけ、謙虚に見習うことが、自分自身を成長させる近道となる。

野村の言葉

真摯《しんし》にものごとに取り組む姿勢が徳を磨き、周囲の理解を引き出していく。

論語●里仁 第四●

子曰わく、徳は孤《こ》ならず、必ず隣《となり》にあり。

子曰、徳不孤、必有隣、

【通解】

先生はおっしゃった。

「道徳、仁徳を守って生きようとする者は孤独であるように見える。しかし、そうではない。きっと、同類の士、良き理解者がすぐ隣にいます」

私は、野球選手を育てるにあたって、技術について最初から手取り足取り面倒をみることは、決して愛情ではないと考えている。「人間が生まれながらにしてもっている理性や知性を尊重し、努力するセンスを独力で磨かせること」こそ、本当の教育だと思っているのだ。

たとえば、楽天のマーくん（田中将大）に対しても、その姿勢は変えなかった。「情」をもって「知」を引き出し、「意」へと導く。その流れができてこそ、師弟間、あるいは先輩と後輩の間に理想的な関係が築けるからである。

駒澤大学附属苫小牧《とまこまい》高校出身の彼は、メンタル面もしっかりしているし、日々の練習や公式戦の登板のたびに疑問を提示し、自分で解決方法を探り出そうとするセンスをもっていた。また、私やコーチ、球団スタッフの教えやサポートも素直に受け止め、吸収する力をもっていた。

生まれながらにして礼節を知っていたかのような、彼の素直な姿勢がみんなに受け入れられた。だから、マーくんが投げるときにはチームメイトもなんとか点をとって楽にしてやろうという雰囲気が生まれていった。さらに真摯に野球に取り組む彼の生き方が、彼の徳を磨き、人を引きつけ、みんなの共感を得ていったのだ。彼の人間としての魅力が彼を守っているのである。

野村の言葉

人は過ちを改める知恵をもってこそ、重要なポジションを与えられる。

論語●述而《じゅつじ》第七●

子曰わく、徳の脩《おさ》まらざる、学の講ぜざる、義を聞きて徙《うつ》る能《あた》わざる、不善改むる能わざる、これ吾《わ》が憂いなり。

子曰、徳之不脩、学之不講、聞義不能徙、不善不能改、是吾憂也、

【通解】

先生はおっしゃった。

「生きるうえで、徳を学ぶための修養をしていない。学問が足りない。正しいことを聞いておりながら、その正しさに己れの身を寄せていけない。悪い

こと、過ちを改める知恵がない。この四つが私の心配です」

人を指導していくうえで難しいのは、過ちを改めさせることだ。たとえばプロ選手は、もともと能力に恵まれている者が多い。そのため、学ぶという姿勢に欠け、いろいろと指導され、正しいことがわかり始めても、それを自分のものとするための創意工夫や努力を怠るケースもある。その結果、成長が止まってしまう。

たとえば、野球において、攻撃はあくまでもクリーンアップを打つ打者が中心であり、一、二番を打つ打者は出塁することが第一の使命となる。そのため、右打ち、バント、エンドラン、さらには盗塁した走者のスタートを見て「アウトになりそうだ」と思ったらカットし、「セーフだ」と思ったら見逃す――などのバッティングが求められるシーンが増える。だが、自己中心的な選手は、チームとして求められていることはわかっていても、自分の好きなように打とうとする。学び、正しいことを聞いていながら、創意工夫し、努力しようとしない。過ちを知ろうとも、それを改めようともしないのだ。そんな選手は、成長もしないから最終的には排除するしかなくなる。人は素直に過ちを改める知恵をもってこそ、重要なポジションを与えられるということだ。

野村の言葉

金儲けを望む者は多い。だが本当に成長した人は、仕事を通じて〝世のため人のため〟に報いるようになる。

論語●泰伯《たいはく》 第八●

子曰わく、三年学びて穀《こく》に至らざるは、得易《えやす》からざるなり。

子曰、三年学不至於穀、不易得也、

【通解】

先生はおっしゃった。

「三年間、学問の修業に励んで俸禄を望まない者は、めったにいませんね」

監督時代、私は新人選手たちに、よく「おまえたちは何のために生まれて、何のために野球をしているんだ」という質問をぶつけた。すると、ほとんどの者が「考えたこともありません」と心細げにつぶやいたものだ。

そこで私は話しかける。

「仕事を通じて人は成長し、成長した人は仕事を通じて、まず〝世のため人のため〟に報いていく。金は二の次だ。それが人生であり、この世に生まれ出てくる第一の意味である。人は家庭や学校で教育を受け、ひととおりの知識と情操を身につけて社会へと巣立っていく。環境によってさまざまではあるが、人としての基本的な準備を踏み出すわけである。私は、本当の人間教育はそこから始まると考えている」と——。

野球という仕事を選んだ以上、単なるレクリエーション感覚で取り組んでもらっては困るのだ。

まして、ろくに練習もしないくせに最初から「金儲けのため」などというのは論外だ。そんな人間が、世のため人のために報いることなどかなうわけがない。

まずは野球によって自分がいかに成長し、どうやったらチームのために生きていけるかを考えること。それがひいては、給料、経験、人徳を含めて、自分の豊かな人生とつながっていくのである。

野村の言葉

人はみな、自己愛に満ちて生きているだけに、つい自らの「欲」を優先してしまいがちである。

論語●子罕《しかん》第九●

子、四《し》を絶つ。意《い》なく、必《ひっ》なく、固《こ》なく、我《が》なし。

子絶四、毋意、毋必、毋固、毋我、

【通解】先生は四つのことを絶対になされなかった。一つは恣意、私情。二つ目は、無理押し、三つ目は、固執、四つ目は、我欲を張られなかったことである。

二〇〇七年九月十四日、阪神対中日戦は、セ・リーグの首位攻防戦として注目されていた。五対五の同点で迎えた九回表、二死二、三塁の場面で、阪神の藤川球児は、中日のタイロン・ウッズに十一球続けてストレートを投じ、最後のストレートをセンター前にはじき返され、それが決勝タイムリーとなった。この対決は、ファンの間で「シーズン最高の名勝負」と称えられることになったが、別の見方をすれば、藤川の行為はあまりにも身勝手だったと非難されても仕方がない。

あのとき、藤川がウッズに対し、変化球で攻めていれば、ウッズを三振か凡打で打ち取れていた可能性は大きい。だが、彼はストレートを投げ続けた。「プロ野球選手としての使命」とでも思ったのだろうか。それとも、メディアが「力と力の真っ向勝負」などと美化するものだから、勘違いしたのだろうか。野球は団体競技であり、チームの勝利こそが究極の目標だ。藤川の気持ちもわからないではないが、少々きついい方をすれば、それは自己愛から生まれた欲にすぎない。恣意、私情、無理押し、固執、我欲。藤川の十一球続けたストレート勝負は、孔子が己れに戒めたこれにつながる。

そして、この敗戦を機に、阪神は優勝争いから遠ざかることになった。ひとりよがりな投球で負けてしまえば、チーム全体の雰囲気が悪くなる。そして、チームの成績が落ちれば落ちるほど、選手全体の年俸にも響いていく。まさに因果応報である。

野村の言葉

「自分らしさ」は、時として「わがままな自己満足」にすぎない。

論語●先進《せんしん》 第十一●

子貢《しこう》問う、師《し》と商《しょう》と孰《いず》れか賢《まさ》れる。子曰わく、師は過ぎたり、商は及ばず。曰わく、然《しか》らば則《すなわ》ち師愈《まさ》れるか。子曰わく、過ぎたるは猶《なお》及ばざるがごとし。

子貢問、師与商也孰賢、子曰、師也過、商也不及、曰、然則師愈与、子曰、過猶不及、

【通解】
子貢がお尋ねしました。

「子張（師）と子夏（商）はどちらが人格において能力において優れているのでしょうか」

孔子先生が答えられた。

「子張は過ぎたり、子夏は足りず」

子貢は念を押した。

「それなら、子張のほうが優れているということになりますね」

先生は答えられた。

「いや過ぎたるは猶及ばざるがごとしです。適度でないという意味では同じです。才が過度に走りすぎるのと才の足りない、あるいは控えめとは、不完全さにおいて同じことです」


ひと昔前から、「個性」という言葉がもてはやされ、それがひとり歩きして若者たちのメンタリティに忍び込み、ややもすると誤解を生んで間違った方向へと彼らを誘導している。個性とは実に響きのいいフレーズである。その心地よさにあぐらをかき、髪を染め、長髪にし、耳にはピアスをして「自分らしさ」を表現しているつもりになっている者も大勢いるようだ。

だが、真の個性とは、他人の認知があって初めて成立するものであり、世のため人のために役に立ってこそ生きてくる個人の特性のことを指すのではないか。自分勝手な行動まで個性呼ばわりされたら、たまったものではない。

孔子は「中庸の徳」の実践を重んじており、才智や能力が極端に行き過ぎている者も、才智が劣っている者も、いずれもバランスが崩れていてよくないことだと考えていた。だから、「過ぎたるは猶《なお》及ばざるがごとし」といったのだろう。その文脈からいっても、最近私が気になるのは、「自分らしさ」という言葉である。

「自分らしさ」は、時として「わがままな自己満足」にすぎず、単なる目立ちたがり屋が虚飾によって内面の拙《つたな》さや幼さを隠蔽《いんぺい》しているだけである。

私は、「現役の選手たるもの、どこまでも中庸を求めてはいけない」と思っている。自分の才能を最大限に伸ばし、生かすことがプロとしての使命だからだ。

だが、指導する立場に立つものは、ある程度「中庸」を意識しておく必要があるだろう。

選手に対し、どう接し、どんな言葉を投げかけていけばいいかは、相手次第である。性格も才能も千差万別なのだから、みんなと同じように誉めたり叱ったりしては、成長を阻害するばかりか、反発して耳も貸さなくなることさえある。

そのへんのサジ加減が難しいところだが、選手と接するときには、時として、「まずはこのあたりでいいか」という広い「中庸」の心をもつことも必要になる。多少不満なところがあっても、まず、自信を与える言葉を投げかけ、そこから一歩一歩、段階的に教えていくのだ。

最初から、その選手にまだまだ手が届かないものを求めても、相手は腐るだけだし、自信を喪失していくばかりだ。選手生命を絶ってしまうことにもなりかねない。

上に立つものは、まず自分を磨くことから始めければならない。たとえば監督だからと自分がいくら偉そうなことをいっても、信頼などしてもらえないし、誰もついていこうとは思わない。せいぜいおべっかを使う人間が集まってきて、気がついたら〝裸の王様〟になっていたという末路をたどるばかりだ。

およそ、過去、どんなすばらしい記録をもっていようと、それだけでいい指導者、リーダーになれるとは限らないのだ。人を指導し、率いていくという立場になって初めて学ばなければならないことのほうが多いからだ。その証拠に、現役時代に、不器用で苦労してきた人のほうが、いい指導者になる確率は高い。

野村の言葉

汗をかき、不言実行してこそ自分のポジションを確保できる。

論語●顔淵《がんえん》　第十二●

司馬牛《しばぎゅう》、仁を問う。子曰わく、仁者《じんしゃ》はその言や訒《じん》。曰わく、その言や訒、これこれを仁と謂《い》うか。子曰わく、これを為《な》すこと難《かた》し。これを言いて訒することなきを得んや。

司馬牛問仁、子曰、仁者其言也訒、曰、其言也訒、斯謂之仁矣乎、子曰、為之難、言之得無訒乎、

【通解】
司馬牛が、仁徳についてお尋ねした。先生はお答えになられた。

「仁徳ある者は言葉づかいは重々しくいいよどむ。言葉を多くして、さわがしくしません」

司馬牛はまたお尋ねした。

「言葉が重々しく、あまりしゃべらない人なら、みな仁徳を備えた人とお呼びしていいのですか」

先生は答えられた。

「仁徳を為すのはまことに難しい。されば、言葉もすらすら滑らかにいかないのは当然ではないですか」


楽天の山﨑武司の人柄を示すエピソードを紹介しておこう。

彼が、二〇〇四年オフ、オリックスから戦力外通告を受け、楽天に移ってきた。一年目の二〇〇五年には二十五本塁打をマークするなど、数字的にはチームの中心として機能しているように見えた。

ただし、その頃の彼は、チームの勝利より、自分が復活することに心が奪われているように見えた。なにしろ、オリックスで通告を受けたのは三十六歳になろうとしていたときのことで、焦りもあったに違いない。しかしそれにしては、バッティングは相変わらず天性頼みで、ブンブン振り回すだけで、頭を使っているようには見えなかった。

だが、私は、彼ならもっとやれると感じていた。そこで、何事にも根拠をもって臨むことと、「個人成績をアップすることでチームに貢献する」という発想を捨てることを根気よく諭していった。

彼は、そんな私の言葉を聞く感性をもっていた。

二〇〇六年オフのことだ。知人の紹介で一緒に韓国に行ったときのことである。空港に着くなり、彼は自分の大きな荷物を抱えていたにもかかわらず、私の荷物まで抱えて汗をかきながら運び始めたのだ。また、食事の席では誰より早く注文の品をチェックし、皿が空けばスッと引いて盛り付けるし、お茶がなくなればどこからか調達してきてサッと注ぐ。

別に私のご機嫌を取ろうというわけではなさそうだった。同じことを誰かれ関係なしにやっていた。それもタイミングよく、実にスマートにやってのけている。見た目こそいかついが、内面の繊細さは球界一ではないかと思った瞬間だった。

そして二〇〇七年、彼は四十三本塁打、百八打点をマークして、見事にリーグの打撃部門の二冠に輝いた。

それは、「個人成績ではなく、チームのために自分は何ができるか」という、中心選手としての自覚が芽生えてきた証拠だった。汗をかき、不言実行してこそ自分のポジションを確保できることを彼は身をもって示したのだ。

チームのために戦うこと、いい換えればチームを愛するという心情は、決して他人から押し付けられるものではない。本来は、人として生まれ、生きていくうちに自然と身についてくるべき性質のものである。

話は飛ぶが、二〇〇九年三月、「2009 ワールド・ベースボール・クラシック」が行なわれた。日本代表は、決勝で韓国を延長戦の末に破り、二大会連続二回目の優勝を決めたが、出場している選手も応援しているファンもまさに一体感を味わった。

家族やふるさと、国を愛せない者に「チームを優先させる」ことはできない。

そして、チームを優先させるということは、優れた者、活躍している者をねたまず、時として自分が積極的に犠牲になることも厭《いと》わないということでもある。野球におけるフォア・ザ・チームの精神の真髄はまさにここにある。

野村の言葉

心配や恐れを繊細かつ大胆にコントロールせよ。

論語●顔淵　第十二●

司馬牛、君子を問う。子曰わく、君子は憂《うれ》えず懼《おそ》れず。曰わく、憂えず懼れざる、これを君子と謂《い》うべきか。子曰わく、内に省《かえり》みて疚《やま》しからざれば、それ何をか憂え何をか懼れん。

司馬牛問君子、子曰、君子不憂不懼、曰、不憂不懼、斯謂之君子矣乎、子曰、内省不疚、夫何憂何懼、

【通解】

司馬牛が、君子とはどういう人をいうのかお尋ねした。

先生は答えられた。

「君子というのは、心配したり、恐れたりしません」

司馬牛はまた訊いた。

「心配せず、恐れず、そうすると誰でも君子になれますか」

先生は答えられた。

「己れの内をよくよく覗きこんで反省してみて、何ら欠点がないとすれば、そもそも何を心配して、何を恐れるのですか。君子とはそういう者です」


およそ、人が心配したり、恐れたりするのは、何らかの欲をもっているからだ。それは金銭欲だったり、名誉欲だったり、人によってそれぞれだが、何であれ失うことがイヤだから、心配したり、恐れたりするわけだ。

そんな欲をなくしてしまえれば、君子のごとく、心配したり恐れたりすることもなくなるはずだが、どんな人でも欲をすべて捨て去ることなどできない。ならば、その欲をいかにコントロールするかが問題となる。

一九九二年十月、私はヤクルトの監督として、西武と日本シリーズに臨んでいた。劣勢といわれていたヤクルトだが、初戦をシリーズ史上初となる杉浦亭《とおる》（現・野球解説者）の代打サヨナラ満塁ホームランでものにした。そして、一進一退の攻防を繰り広げ、勝負は最終戦の第七戦にもち込まれた。

七回表までは両軍投手の好投で一対一の緊迫した闘いが続いていたが、七回裏、ヤクルトはついに一死満塁のチャンスをつかんだ。ここで点を入れれば日本一が見えてくる。私は迷わず、シーズン途中に入団していた八番のジョニー・パリデスに代えて、初戦の立役者、杉浦を代打に送った。

マウンド上の石井丈裕《たけひろ》（現・西武フロント）との息づまる攻防、カウントは一－三、相手の内野陣はやや浅めのダブルプレー陣形――明らかにストレート一本狙いの局面だった。そこに、石井はストレートを投げ込んできた。

だが、やや高めの甘いストレートを叩いた杉浦のバットは鈍い音とともに折れ、一、二塁間に転がったボールはセカンドの辻発彦《はつひこ》（現・中日総合コーチ）に本塁送球され、三塁ランナーだった広澤克己は憤死に終わった。

杉浦にとって、石井の放った球は楽に犠牲フライにできるものだった。だが、球が来た瞬間、杉浦の脳裏に第一戦のサヨナラ満塁ホームランがよみがえったのだ。狙いどおりの球が来て、彼は、「しめた」と思い、「自分のバットで試合を決めてやる」と欲をもってしまった。そのため、目がボールから離れるのが一瞬早くなり、力みすぎて、バットがボールの上っ面に当たり、ゴロになってしまったわけだ。

野球の場合、あらゆる場面で〝繊細かつ大胆に〟という心理が求められる。大胆さを欠いたら、勝負はできない。だが、そのバランスが重要なのだ。杉浦の失敗は、狙いどおりのストレートが来たときに、繊細さがどこかへ吹き飛んでしまい、欲と大胆さだけに突き動かされたことにあった。

結局、この試合は、秋山幸二（現・ソフトバンク監督）に決勝犠牲フライを打たれて、われわれの負けとなった。チャンスが目の前にぶら下がったとき、心の切り替えができるかどうかで明暗が分かれる。

心配しない、押されない、欲をもって、欲を捨てる。

一瞬、欲が浮かんでもそれをコントロールできないと、いい結果には結びつかない。私が、「欲から入って、欲から離れよ」というのは、そういうことである。

野村の言葉

よりよく生きるには、有意識を鍛える努力が必要となる。

論語●子張《しちょう》第十九●

子夏曰わく、博《ひろ》く学びて篤《あつ》く志《し》り、切《せつ》に問いて近く思う。仁はその中《うち》に在《あ》り。

子夏曰、博学而篤志、切問而近思、仁在其中矣、

【通解】

子夏はいった。

「広い対象について学び、しっかり記憶し、鋭く質問して、己れに近い問題から考えていく。こういう態度のなかから、仁徳が生まれます」

何も意識することなく、流されるままに生きるのはたやすいが、それでは何も達成できない。自分の存在、他者の存在を意識し、多くのことを学んで自分の存在目的を考えてこそ、自分が目指すべき生き方が見えてくる。

人間の意識には無意識と有意識がある。私たちは有意識下で日々の生活を送っているように感じているが、実は九対一の割合で無意識が占めているのだという。つまり、脳はたった一割しか動いていないことになる。専門家から初めてそう聞かされたとき、「そんなものかな」と意外に思ったものだが、実際に振り返ってみれば確かにその程度かもしれない。

野球の場合、選手が球を打ったり、走塁するという動作を無意識に行なっても得点することは可能である。

しかし〇点に抑えるにはどうしても意識が必要となってくる。一死満塁で内野ゴロの場合、ホームでひとつアウトを取るのか、それとも二塁に投げて併殺を狙うのか——状況を事前に頭に入れたうえでシミュレーションしておかなければ、とっさに判断するのは難しい。どうしても有意識を働かさなければならないのだ。

生きるということも同じだ。ただ生きるのなら無意識でも十分だ。だが、仁徳を身につけ、よりよく生きるには、有意識を鍛える努力が必要となるのである。

第五章

逆境にも負けない強い組織をつくる知恵

野村の言葉

人間学や社会学、それに組織学をたっぷりと時間をかけて勉強させることが組織の貴重な財産となる。

論語●学而《がくじ》第一●

子曰《しい》わく、人の己《おの》れを知らざるを患《うれ》えず、人を知らざるを患う。

子曰、不患人之不己知、患不知人也、

【通解】

先生はおっしゃった。

「指導者たらんとする者は、練習を積み重ね、技術をみがき、たえず己れの人格向上に努力する。すなわちそれは、己れ自身の内なる、決意によるというべきで、人に披露したりするものではない。だから他人がこれを認めなかろうと評価しなかろうと、なんら痛くもかゆくもない。
問題は、己れが他人を知らないことに発する。他人が自分を認めないのを憂えるのではなく、自分が他人を認めないのが問題なのです」

野球における監督の役割は、野球という競技を通じて選手にさまざまなことを考えさせることだ。それが選手のプレーの質を高め、成績を上げ、チームとして正しい方向に進むことにつながる。だから、監督の仕事とは、選手たちに考え方のエキスをどう増やしていくかがその大半を占めるといっても過言ではない。しかし、突然「もっと考えてやりなさい」といっても、選手は何をどう考えてやればいいのか迷ってしまう。

そこで私は、ミーティングを、キャンプ初日から徹底的に行なってきた。キャンプでは、人間学や社会学、それに組織学をたっぷりと時間をかけて勉強させることができるし、組織の貴重な財産となるからだ。

それはどんな組織でも同じだ。ゆっくりと選手、部下の意識を変えていけばいい。自分が認められていないと不平を抱いている者も当然いる。その者にいう。まず他人の能力を認めよう、他人を否定するな。そうすれば、自分の長所、欠点も見えてくる。

野村の言葉

「英断」「判断」を下し、じっと結果を待てば、おのずと選手もフロントもうまくいくものだ。

論語●為政《いせい》 第二●

子曰わく、政《せい》を為《な》すに徳を以《もっ》てすれば、譬《たと》えば北辰《ほくしん》のその所に居《い》て、衆《しゅう》星《せい》のこれに共《きょう》するが如し。

子曰、為政以徳、譬如北辰居其所、而衆星共之、

【通解】

先生はおっしゃった。

「政治を為すに仁徳を修めてやれば、うまくいくに違いありません。たとえていえば、天空のなかでじっと動かない北極星がすべての星にとりまかれて

両手を合わせるように礼儀されているのと同じです」

「決断」と「判断」。監督になったばかりのころ、私はこのふたつの言葉を混同していたが、あるときまったく意味が異なると気づいた。

「決断」とは賭けである。何に賭けるか根拠が求められる。また決断する以上、責任は自分で取るという度量の広さをもたなくてはならない。

「功は人に譲る」という精神をもって決断しなくてはならないのだ。覚悟に勝る決断なし、つまり迷ったら覚悟を決めること。

一方、「判断」とは頭でやるものだ。知識量や修羅場の経験がものをいう。そこで求められるのは判断するにあたっての基準、根拠があるかどうかである。

監督の采配のなかで、決断（＝賭け）ではなく、判断（＝基準がある）が求められるものがある。選手起用や代打、そして投手交代など選手の抜擢《ばってき》であり、なかでも投手交代、継投というものは完全に判断能力が問われる。ただし、「決断」「判断」を磨き上げるには、技術、論理を修めておかなければならない。そのうえで、「英断」「判断」を下し、じっと結果を待てば、おのずと選手もフロントもうまくいくものだ。

野村の言葉

「小人」の議論で、人事や起用を決めることなどあってはならない。

論語●為政　第二●

子曰わく、君子《くんし》は周《しゅう》して比《おもね》らず、小人《しょうじん》は比《ひ》して周《した》しまず。

子曰、君子周而不比、小人比而不周、

【通解】

先生はおっしゃった。

「君子、つまり立派な人物は、友情に富んで親しみ合う。しかし仲間同士で群れて狎《な》れあわない。反対に、小人、つまらぬ人間は、自分たちでつるむだけで真の友情を育てられない。君子の友情は〈周〉すなわち理性的で、小人のそれは〈比〉、私的で感情的です」

私は監督という職に就いてからというもの、食事や遊びはいつもひとりで行くようになった。ただの一度も選手やコーチを食事や遊びに誘ったことはない。いい訳に聞こえるかもしれないが、けっして吝嗇家《りんしょくか》だったからではない。たとえば、誰かを食事に連れて行くとしても、すべての者を平等にというのは難しい。相性もあるし、タイミングもあるから、どうしても偏りが出てくる。すると、往々にして「あいつは野村派だ」などという色眼鏡で見られる選手が出てくることになってしまい、私が球団を去った後、その選手にとって将来の足かせになってしまいかねなかったからだ。それは、私的で感情的なものであって、まったく理性的な論議ではない。孔子のいう「小人」の議論だ。

人間だから「好き、嫌い」があるのは仕方ない。だが、組織運営に、「小人」の議論で人事や起用を決めるなどということは、あってはならないことなのだ。

野村の言葉

なるべく教えるな。考えさせろ。教える前にやらせてみろ。

論語●為政 第二●

子曰わく、学びて思わざれば則《すなわ》ち罔《くら》し、思いて学ばざれば則ち殆《あやう》し。

子曰、学而不思則罔、思而不学則殆、

【通解】

先生はおっしゃった。

「ただ学び、人からいわれたとおりに練習を重ねても、自分の頭でよく考えないと、身につかない。〈罔〉は、暗くぼんやりとして、はっきりしないことです。逆に考えているばかりでは独断に陥り、疑いばかりが生じて成果はあがりません。〈殆〉は、疑うです。先人の経験に教えられ、自分の理論を構築しなさい」

いまやコーチ業といえば専門ごとに細分化され、それぞれ技術的な指導やチェックを任務とするようになっている。日本の野球も進化したということなのだろう。だが、これだけコーチがたくさんいると、弊害も出てくる。それぞれが競い合うように選手に教えたがる。

だが私は、「なるべく教えるな。考えさせろ」「おまえらの気持ちはよくわかる。しかし、教える前にまず選手にやらせてみろ」といい続けてきた。

メジャーリーグにも、「教えないコーチこそ名コーチ」という言葉があるそうだ。まさに名言だ。その言葉のとおり、コーチが安易に選手に教えるのは、さほど意味のあることではない。

そもそも、人は失敗して初めて自分の間違いに気がつく。その前に指示を出したところで、耳を貸さない。いや、耳では聞いていても頭のなかにはまったく入っていかないだろう。それより、放っておけば自分から教えを乞いにくる者が現れてくる。そのときこそが、教えるのに絶好のタイミングである。

野村の言葉

組織は、上と下、よく和してこそ、最高の力を発揮する。

論語●八佾《はついつ》第三●

子曰わく、君に事《つか》えて礼を尽くせば、人以《もっ》て諂《へつら》えりと為《な》すなり。

子曰、事君尽礼、人以為諂也、

【通解】

先生はおっしゃった。

「目上、上長に対して善意の表現、畏敬の念をあらわすのは当然のことです。それは美しい行為です。しかし人はこれを往々にして、おもねり、ごますり、おべんちゃらと取ります。昔、目下から礼を尽くされると目上もそれに応じて返していた。しかし、君権が強まったためか、目上は目下を奴隷か何かのように扱うことが増えました。嘆かわしいことです」

冒頭でいったが、ヤクルト時代、開幕から各球団との対戦が一巡した四月の後半になったころ、古田を呼んでいった。

「八番キャッチャーのレギュラーをおまえにやる。バッティングは頑張って二割五分打て。だからその分、配球術を勉強しろ」

それからは毎日が勉強だった。攻撃のときは私のすぐ前に座らせた。そこにいれば、私が相手バッテリーの配球を見ながら、ああだこうだと話しているのを聞いて勉強になると思ったからだ。

ピンチになると、ベンチから私がサインを出すこともあった。そのためか、ピンチになると私の顔ばかり見て、「何、いきましょうか」と目で合図を送ってくる。

一度、古田に「ベンチばっかり見て人を頼るな。おまえに任せているんだから、おまえの判断でいけ」といったことがある。「用事があるときはこっちが呼ぶから」と――。

それでもピンチになるとベンチを見る。

「どうしたんだ」と訊いたら、「大事な場面だから、監督にやってもらったほうが間違いない」という。だが、それは私に対するごますりやおべんちゃらなどではなかったと思うし、私もまた、そんな言葉に満足することもなかった。

古田という人間は自信家、いや過信家といってもいいほど自己中心的な性格をしていた。だが、ことリードという点では探究心、向上心があった。

そして何より野球に対する感性（センス）がよく頭脳明晰《めいせき》である。「監督にやってもらったほうが間違いない」といいながらも、いかに捕手としての力をつけるかということについては貪欲だった。

もちろん教えることは山ほどあり、時には味方の攻撃中ずっとベンチで立たせて説教し続けたこともあるが、こうした一試合、いや一球一球の反省と確認の積み重ねが、球界一の捕手と呼ばれるまでに、彼を成長させたといってもいいだろう。

組織は、上と下、よく和してこそ、最高の力を発揮する。ただし、そのとき、部下をないがしろにして優越感を感じるような上司と、上司に取り入ろうとおもねるような部下の〝和〟など必要ないことはいうまでもない。

とはいえ、個々の選手にそれを指導していくのは非常に難しいことである。

なかにはちょっとしたヒントや上司の言葉で何かに気づき、「自分はもっとこうやって組織に貢献しないといけない」と感じる者もいるだろうが、大方の場合、まず無知であることを自覚させ、無知は恥なのだと気づかせなくてはならない。

さらに何が正しくて何が間違っているのか、間違いに気づかせて正していく。つまり、監督は「気づかせ屋」でなくてはならないということだ。判断基準を教えて、それをレベルアップさせていかねばならないのだ。

「勇将の下《もと》に弱卒《じゃくそつ》なし」ともいう。大将が強ければ、それに従う部下に弱い者はいない。上に立つ者がすぐれていると、その部下もすぐれているということだ。

つまり、人の上に立つ者は、言葉に真心、行ないに篤い心をもって、毅然とした態度で勝負に臨み、決して怯《ひる》んではならない。その心を強くもっていれば、おのずと組織はつられて強くなっていくということだ。

野村の言葉

成果は誰でも欲しがるが、それ相応の手段で手に入れなければ価値がない。

論語●里仁《りじん》第四●

子曰わく、富《とみ》と貴《たっと》きとは、これ人の欲するところなり。その道を以《もっ》てこれを得ざれば、処《お》らざるなり。貧と賤《せん》とは、これ人の悪《にく》むところなり。その道を以てこれを得ざれば、去らざるなり。君子仁を去りて悪《いずく》にか名を成さん、君子は終食《しゅうしょく》の間も仁に違《たが》うことなし。造次《ぞうじ》にも必ず是《ここ》に於《お》いてし、顚沛《てんぱい》にも必ず是に於いてす。

子曰、富与貴、是人之所欲也、不以其道得之、不処也、貧与賤、是人之所悪也、不以其道、得之不去也、君子去仁、悪乎成名、君子無終食之間違仁、造次必於是、顚沛必於是、

【通解】

先生はおっしゃった。

「富と貴、財産と高い地位、これは誰もが望むものです。しかし、これを何か不当な方法、あるいは道にはずれたやり方で手に入れたとすると、心安んじて財産を守り同じ地位にいることはできません。

逆に、貧と賤は誰でもいやなものです。本来、才能、徳のない者がこの貧と賤のなかで生きていかざるを得ないのですが、往々にして立派な行ないの者が貧と賤になることがあります。しかし、立派な人が立派であるのは、貧と賤にかかわらず、身に仁徳を備えているからです。もし、仁徳を捨ててしまったら、どのようにして名誉を完成させられるでしょうか。

仁徳のある立派な人というのは、食事をしているあいだも、あわただしい造次《ぞうじ》のときも、つまずいて倒れる顚沛《てんぱい》のときですら仁徳を胸に備えています」

私がヤクルトの監督をしていた一九九三年、プロ野球の世界にフリーエージェント制度が導入され、権利を取得した選手は自由に球団を移れるようになった。

そのルールを最大限に利用してきたのが巨人だった。豊富な資金力をバックに、落合博満、広澤克己、清原和博など、数々の強打者を獲得して、どこからホームランが飛び出しても不思議ではないほどの強力打線をつくりあげた。いずれも、四番を打っていた選手たちだ。その破壊力はすさまじいものだった。

あるとき、ミーティングの席で白板に並ぶ巨人のオーダーを見て、高津臣吾（現・台湾・興農ブルズ）が「うわー、すごいメンバーだな」とつぶやいた。

正直な気持ちだったと思う。確かに、常にマスコミに取り上げられ、トップクラスの年俸を取っている選手がズラリと並んでいるのだから、そんな気持ちになるのも不思議ではない。

だが、それに萎縮しているようでは、最初から勝負が決まっているようなものだ。そのため、まずヤクルトの選手たちから、巨人打線に対する劣等感を取り除くことが私の仕事のひとつになった。

私はまず「全体を見るな。ひとりひとりを分断して考えろ」と指示を出した。

そもそも、年俸が高いとか人気があるからなどという理由で、相手はすごい選手に違いないと劣等感をもつのが間違いなのだ。それは錯覚にすぎない。

ひとりひとりを見れば、どんな選手でも必ず弱点がある。そこを攻めればいいのである。それさえ理解すれば十分に勝てるチャンスがあることがわかってくる。そして、実際、野村ＩＤ野球を続けているうちに、自分たちも十分に巨人と戦える力があることを感じ、ヤクルトで働いていることを誇りに感じるようになっていった。

孔子は、論語のこの言葉で、「成果は誰でも欲しがるが、それ相応の手段で手に入れなければ価値がない」という意味のことを教えているのだと思うのだが、ヤクルトの選手たちは、まさに〝それ相応の手段〟で成果を手にする喜びを覚えていった。

私はそれこそ、名誉あるチームづくりだと考えている。そして、そういうチームで働いてこそ、選手たちは誇りある野球人生を送れるのではないだろうか。

野村の言葉

人間ひとりでは生きていくことはできない。

論語●里仁　第四●

子曰わく、参《しん》よ、吾《わ》が道は一《いっ》以てこれを貫《かん》せん。曾子《そうじ》曰わく、唯《い》。子出《い》ず。門人問うて曰わく、何《なん》の謂《いい》ぞや。曾子曰わく、夫子《ふうし》の道は忠恕《ちゅうじょ》のみ。

子曰、参乎、吾道一以貫之、曾子曰、唯、子出、門人問曰、何謂也、曾子曰、夫子之道、忠恕而已矣、

【通解】

先生はおっしゃった。

「参（曾子）よ、私の道はただ一本で貫かれてきました」

曾子は答えた。「はい」

会話はそれだけで、孔子先生は出て行かれた。ほかの弟子たちが訊いた。「先生は何をおっしゃりたかったのでしょうか」

すると、曾子は答えた。「先生の道は忠恕の一本だけだということですよ。忠は、己れの良心に忠たらんとすること、恕は他人に己れのことのように親身にする。そのことをおっしゃったのです」

「自分のもっとも得意なボールを投げて、それでも打たれたのなら仕方がない」――ピッチャーが陥りがちな考え方だ。打たれたピッチャー本人は、確かにそれで満足かもしれない。だが、そのおかげで、「敗者」となってしまったチームメイトはどうなるのか。結局、そんなわがままなピッチャーは信頼を失い、疎外されていく。

これは一般社会となんら変わるところはない。どんな社会でも人間ひとりでは生きていくことはできないのだ。人生とは、文字どおり「人に生かされ、人を生かす」ことだ。それができて初めて、「人として生まれ、人として生きていく」ことができる。

社会との関わりのなかで自分の力をいかに発揮し、最終的にはその社会にいかに貢献できたかで、その人物の価値は決まるのだ。

野村の言葉

人を育てるということは、つまり自信を育てるということである。

論語●雍也《ようや》 第六●

子曰わく、中人《ちゅうじん》以上には、以て上《かみ》を語るべく、中人以下には、以て上を語るべからず。

子曰、中人以上、可以語上也、中人以下、不可以語上也、

【通解】
先生はおっしゃった。
「中ほどか並みか、あるいはそれ以上の能力ある者には高度な話をしてもいいが、並み以下の能力しかない者に、高度な話をしても意味がない」

組織のなかで人を育てていくとき、大切なのは言葉である。上に立つ者が部下に対し、どんな態度で接し、どんな言葉をかけるかで、組織は大きく変わっていく。ただし、どのように接し、いかなる言葉を投げかければよいかは、相手次第だ。性格は千差万別だし、その能力もバラバラだからである。

みんなを一様に誉めたり叱ったりしていたのでは、成長を促すどころか、反発をくらって聞く耳すらもたれなくなる可能性もある。そのへんのサジ加減が非常に難しいところであり、監督時代の醍醐味でもあった。

「人を見て法を説け」と、お釈迦《しやか》様も教えているように、能力に応じて話さなければならない。ふとしたひとことが選手を発奮させもすれば、傷つけもする。逆に選手の性格の細部を知り、様子を観察し、それぞれのレベルに合わせて的確な指導をしていけば、部下の自信を育てることができる。

人を育てるということは、つまり自信を育てるということである。

最初から難しいことを教えてもなかなか吸収してくれないが、自信をもてば興味もわき、こちらがいうことにも熱心に耳を傾けてくれるようになるものだ。

野村の言葉

弱者の兵法は、謀《はかりごと》、計画、準備がないと成り立たない。

論語●述而《じゅつじ》第七●

子、顔淵《がんえん》に謂《い》いて曰わく、これを用うれば則《すなわ》ち行ない、これを舎《す》つれば則ち蔵《かく》る。唯《ただ》我と爾《なんじ》のみ是《これ》あるかな。子路《しろ》曰わく、子、三軍を行なわば、則ち誰《たれ》と与《とも》にかせん。子曰わく、暴虎《ぼうこ》馮河《ひょうか》し、死すとも悔《く》いなき者は、吾与《われとも》にせざるなり。必ずや事に臨《のぞ》みて懼《おそ》れ、謀《ぼう》を好みて成せる者なり。

【通解】

子謂顔淵曰、用之則行、舎之則蔵、唯我与爾有是夫、子路曰、子行三軍則誰与、子曰、暴虎馮河、死而無悔者、吾不与也、必也臨事而懼、好謀而成者也、先生は、顔淵におっしゃった。

「必要とされれば、世間で活動します。不必要となれば、隠棲します。これはあんがいに難しくて、私とおまえとしかできないことですね」

これに、子路が口をはさんだ。「先生は、大国が率いる三軍・三万七千五百人を指揮されることになったら、誰と一緒に行動を共にされますか」

先生、これに答えられた。「虎に素手で立ち向かい、河を徒渡《かち》りする、いかにも勇ましいそんなことをして死んでも悔いがないというような人間は、私の軍には入れられません。事を前にして慎重にはかる、対処の方法を編む、計画の謀《はかりごと》をよくめぐらして成功させる、そのような者しか私は登用しません」

私は、南海、ヤクルト、阪神、楽天と、四つのチームを率いてきた。だが、いずれも最強の布陣とはいい難い状況での監督就任だった。

しかし、だからといって最初から勝負を投げるようなことはまったくなかった。弱者には弱者なりに戦う「弱者の兵法」があるからだ。

一九七三年、私が南海の監督として初めて日本シリーズに出場したときのことだ。相手の巨人との戦力差があまりにありすぎて、南海の選手たちはとてもかなわないと、最初から劣等感をもっていた。

そこで私は、第二戦、第四戦、第六戦は、負けてもともとの戦略を考えた。第一戦の先発はエースだった江本孟紀を立てた。当時の江本は、まだ若く、先発、リリーフのいずれでもすばらしい活躍を見せていた。その江本を中心にローテーションを組み、何がなんでも第一戦をものにするという強い意志で臨んだ。

結果は、狙いどおり第一戦は取れたものの、球団との話し合いがこじれて、第二戦を落とすことになった。

というのも、第二戦は天気予報が悪かったので、私は雨を味方にする作戦を立てていた。実際、前日の夕方からジャンジャン雨が降り、第二戦は中止にできると考えていた。中止になれば第二戦以降、非常に戦いやすくなる。私の狙いどおりだった。

しかしあいにく天気は回復し、雨はあがってしまった。そして、グラウンドは水たまりだらけで十分中止にできる状況だったにもかかわらず、球団は二軍の選手を動員してグラウンド整備を始めたのだ。私は、球団社長に「中止にしてくれ」と頼んだが、どうしても聞き入れてもらえず、私の戦略はそこで崩れてしまった。その結果、初戦の一勝のみで、最終的には一勝四敗で敗れることになった。当時の巨人とはあまりに実力差がありすぎて、残念ながら「弱者の戦法」も結果に結びつけられなかった。

実は、この話には前段がある。この戦法は日本シリーズ直前のプレーオフでは成功していたのだ。

当時、パ・リーグは前・後期制をとっており、前・後期の勝者同士で争われる五回戦のプレーオフを勝たなければ、日本シリーズに出場することはできなかった。

だが、南海は前期こそ優勝したものの、後期優勝した阪急には、後期の十三戦で一分十二敗と完膚なきまでにやられていたのである。そのため、戦前の予想は、「阪急、絶対有利」といわれていた。

そこで私は、第一戦で阪急と相性のよかった西岡三四郎を先発させた。そして、西岡が打たれるとすぐに左腕の村上雅則（現・野球解説者）をリリーフに送り出し、中継ぎにはシーズン中は抑えの切り札だった佐藤道郎《みちお》（現・野球解説者）を起用、最後はエース江本まで投げさせ、勝利をものにした。選手に失った自信を取り戻させるためだった。

そして第二、四戦目は、負けてもともとのゲームにして、第三戦、第五戦をきっちり勝ち、戦前の予想を覆《くつがえ》したのだ。

いずれにしても、弱者には弱者なりの戦い方があるということだ。ただし、「弱者の兵法」も謀《はかりごと》、計画、準備がないと成り立たないということは肝に銘じておくべきだ。運任せで闇雲に挑んだところで、勝利をものにすることなどできない。

野村の言葉

芽が出る種がなければ、いくら水をやっても花は咲かない。

論語●子罕《しかん》第九●

子曰わく、苗《なえ》にして秀《ひい》でざる者あり、秀でて実《みの》らざる者あり。

子曰、苗而不秀者有矣夫、秀而不実者有矣夫、

【通解】

先生はおっしゃった。

「せっかく苗として植えられながら、穂を出さないものがある。穂は出たのに、実をつけずじまいのものもある。この世の中には、往々にしてそういうことがある」

阪神という球団は、巨人と人気を二分してきた球団である。私は長年、パ・リーグでプレーしていたから、身にしみてわかっていたが、選手がいくらすばらしい記録を打ち立てようが、マスコミはほとんど取り上げない。翌日の新聞のトップ記事はすべてこの二球団で占められていた。しかし、巨人と阪神では、その体質に大きな違いがあった。

巨人が統制を重んじ、選手たちに規律を求めていたのに対し、阪神は選手たちを徹底的に甘やかしていた。さらに阪神のなかには複数の派閥も生まれていた。フロント、監督、選手のすべてがバラバラの状態だったのだ。

私が勝つための意識改革をしようと、ミーティングなどでいろいろ話をするのだが、選手たちの目は明らかに「あんた、何しに来たの」というものだった。その一方で、関西のメディアはいくら負けても大きく取り上げてくれるし、街に出ればファンがチヤホヤしてくれる。それが伝統の重みとでもいうものかもしれないが、プライドだけは高くなっていた選手たちのなかに、私の話に耳を貸す選手は少数しかいなかった。

長年にわたって培《つちか》われた習慣という病は、やすやすと治療することはできないことを思い知った。結局、私は「チームの鑑《かがみ》」を見出すどころか、それ以前に選手たちとの闘いに敗れてしまった。芽が出る種がなければ、いくら水をやっても花は咲かないということを思い知ると同時に、満足に仕事ができなかったことが大いに悔やまれた。

野村の言葉

安易なチームプレーは組織のためにはならない。

論語 ● 顔淵《がんえん》 第十二 ●

顔淵《がんえん》、仁《じん》を問う。子曰わく、己れに克《か》ちて礼に復《かえ》るを仁と為《な》す。一日《いちじつ》己れに克ちて礼に復れば、天下仁に帰す。仁を為すは己れに由《よ》る、而《しこう》して人に由らんや。顔淵曰わく、請うその目《もく》を問わん。子曰わく、礼に非《あら》ざれば視《み》ること勿《な》かれ、礼に非ざれば聴くこと勿かれ、礼に非ざれば言うこと勿かれ、礼に非ざれば動くこと勿かれ。顔淵曰わく、回《かい》、不敏《ふびん》と雖《いえど》も、請う斯《こ》の語を事《こと》とせん。

顔淵問仁、子曰、克己復礼為仁、一日克己復礼、天下帰仁焉、為仁由己、而由人乎哉、顔淵曰、請問其目、子曰、非礼勿視、非礼勿聴、非礼勿言、非礼勿動、顔淵曰、回雖不敏、請事斯語矣、

【通解】

顔淵（顔回）が、仁徳についてお訊きした。

先生はおっしゃった。

「己れの私欲を捨てて、人の世の基本法則である礼に立ち返ることが仁徳というものです。狭い自我を克服して、大きな社会的な自我にめざめなさい。一日でいいから、己れに打ち克ってこの基本の礼に立ち返れば、天下中の人々がこの仁徳に寄り集まってくるでしょう。仁徳を為すというのは、ひとえに己れに打ち克つ力によるものです。他人の力を借りてまた他人から強制されて為すものではありません」

顔淵はさらにたずねた。「仁徳を為すその項目、具体をお教えねがえませんか」

先生はお答えになられた。

「礼の法則にはずれて、物事を見てはいけません、耳を傾けてもいけません、口を開いてもいけません。すなわち、礼の法則にはずれる、一切の行動を為してはいけないのです」

顔淵はまた尋ねた。「愚生は、まことに至らぬ者でありますが、たったいまお聞きしたお教えをわが身の事として、実践いたすようにします」

そもそも、人として生きる以上、人生と仕事は切っても切り離せないものである。仕事をすることで食べるための金を稼ぎ、人生を生きていく。仕事をする場は多くの場合、会社などの組織である。ただひとりで生きていくなら世捨て人にでもなるしかない。

そして、仕事のなかで人間形成がなされ、その人格が仕事の成否を左右していく。つまり、組織のなかで必要とされるか、あるいは高い評価を得られるかどうかは、人格によって決定されていく。だからこそ、昔から「結果的には全部自分に返ってくるのだから、世のため人のために一生懸命に頑張れ」といわれてきた。つまり「真のチームプレーの法則に外れたことは見ても聞いても習ってもいけない」ということだ。

だが、最近の若者を見ていると、真の意味でのチームプレーを見失い、マニュアルに書かれた安易なチームプレーを妄信しているような気がしてならないのだ。

巨人にいた上原浩治は、一時期、日本でもっとも信頼が置けるエースだった。彼はフォークを巧みに投げ分ける。また、このフォーク以上に、直球を外角低めに投じる精度の高さを有していた。だが、そんな彼も精神面ではまだまだ成長していないように見えていた。

二〇〇五年の開幕戦、彼は両太ももを痛めていたにもかかわらず、七回まで見事な投球で広島打線を封じていた。投球数は八十三球。ところが早めの交代を想定していった。

首脳陣から「代わるか」と訊かれると、それに同意してマウンドを降り、その後、不安定なリリーフ陣が打たれ、巨人は痛い逆転負けで大事な開幕戦を落とすことになったその背景には、米国から入ってきたメジャー流の投手管理術の影響があった。メジャーではコーチが厳密に球数をチェック、完投できそうな調子でも球数で降板させるケースが増えていた。それがチームのためだというわけだ。

上原にしても、もしかしたら首脳陣から交代を打診されたときも、本音はまだ投げたかったのかもしれない。また、自分が投げ続けるほうが不安定なリリーフ陣に託すより、チームが勝つ確率（それは彼に勝ち星がつくことも意味する）は高いことはわかっていたはずだ。

しかし彼は、続投を口にしなかった。彼なりにチームを優先したということだろう。

だが、本当にそうなのか。チーム優先主義というと「譲る」「我慢する」ことばかり前面に出されるが、「おれがエースなんだから最後まで投げる」「勝つためにはおれが投げ切る」と自己主張するのも立派なチームスピリットである。

エースと呼ばれる以上、それぐらいの気概が求められる。マニュアルどおりのチームプレーは組織のためにはならないのだ。

野村の言葉

人間はみな使命をもって存在している。

論語●顔淵 第十二●

子貢《しこう》、政《せい》を問う。子曰わく、食を足らし、兵を足らし、民これを信ず。子貢曰わく、必ず已《や》むことを得ずして去らば、この三者に於《お》いて何をか先にせん。曰わく、兵を去《す》てん。曰わく、必ず已むことを得ずして去てば、この二者に於《お》いて何をか先にせん。曰わく、食を去てん。古《いにしえ》より皆死あり、民《たみ》、信なくば立たず。

子貢問政、子曰、足食足兵、民信之矣、子貢曰、必不得已而去、於斯三者何先、曰、去兵、子貢曰、必不得已而去、於斯二者何先、曰、去食、自古皆有死、民無信不立、

【通解】

子貢が政治のやり方、あり方を尋ねた。先生はおっしゃった。

「民に十分な食料をあたえ、軍備をととのえ、民に信用される。これが政治の基本です」

子貢は、さらに訊いた。

「それでは、食料、軍備、民の信用、その三つがかなえられないときは、どれをやむをえず切り捨てるのでしょうか」

先生はおっしゃった。

「軍備を後回しにすべきです」

子貢は訊いた。

「では、次に後回しにするものはなんでしょうか」

先生は答えられた。

「食料です。昔から、食えずに死んだ例はいくらでもある。さらにいえば、人はみないつかは死ぬ。しかし、民が政治を信用しなくなったら、民は自立して生きることはできない。信こそ政治の要諦です」

私は、長い監督生活を送るなかで、「人生」という二文字から次の四つの言葉を連想するようになった。

「人として生まれる」（運命）

「人として生きる」（責任と使命）

「人を生かす」（仕事、チーム力）

「人を生む」（繁栄、育成、継続）

そのうち最初の「人として生まれる」ということは、運命そのものだからさておくとして、残りの三項目は「組織」「チーム」の先頭に立つリーダーが、指導することで部下たちに気づかせ、涵養《かんよう》していけるものだ。

「人として生きる」ということは個々の問題だが、まずは、「人はみな使命をもって存在しており、それを果たす責任がある」ということを教えなければならない。

人間とは〝人の間〟と書くが、そもそも人と人の間にいるのが人間であり、そのためにはいかに人間関係を円滑に生きていくかということが、人生では大きな比重を占める。

ところが、ここまでにも書いてきたように、職人気質《かたぎ》が多いプロ野球選手はこの点が難しい。自分はひとりでうまくなった、自分の活躍があったからチームが勝てたのだ、などと錯覚する。

だが、周囲はそう思っていないために、信頼を得られない。まずは人間としての謙虚さ、素直さから指導していかなければならない。

そのうえで、「人を生かす」ことを教えるのだ。私は、それを選手たちに徹底的に教えたつもりだが、選手たちが〝人を生かすプレー〟を心がけ、それを実践できる技術をもつようになれば、強力なチームの力となっていく。

選手同士がお互いに信頼し合い、さらに選手が監督を信頼するようになることで、一体感のなかでさまざまな相乗効果が生まれてくる。それが最後の「人を生む」（繁栄、育成、継続）ということに結びついてく。

野球のチームも会社などの組織も、二年三年のビジョンで考えれば、少しずつでも変えていくことができる。人間はみな人生を生き抜く使命をもって存在していることを選手ひとりひとりに認識させなければならない。

すなわち、人生を教えなくてはならないのだ。

野村の言葉

チームであり組織である以上、最低限の社会常識やルールは身につけさせておかねばならないのは当然のことだ。

論語●顔淵　第十二

曾子《そうじ》曰わく、君子は文《ぶん》を以て友を会《かい》し、友を以て仁を輔《たす》く。

曾子曰、君子以文会友、以友輔仁、

【通解】

曾子はいった。

「立派な人物は、文を以て学問をすることによりさらに友だちを集める。友情のまじわりをすることにより仁徳の完成を目指す助けにする」

曾子のこの言葉を解釈するならば、「立派なリーダーは、勉強することで自らの能力を高めて多くの信頼できる部下を育て、彼らと協力することで、より人間としての高みを目指していく」ということになろうか。野球の世界でも同じである。

監督の役目というとすぐに「チームづくり」となるが、私はまず監督自身が人間として多くを学び、より成長していこうとする努力を続けることが何より重要だと考えている。人間として未成熟な監督が、チームを導いていく重責を担えるはずはない。

同時に考えるべきは、いかにして選手のなかに〝核となる存在〟を育てていくかだ。たとえば、比類なき剛速球を投げるピッチャーがいるからといって、彼が無条件でチームの要《かなめ》になれるわけではない。いくらいい球を投げ、勝ち星が計算できたとしても、人間としての魅力や能力に欠けていてはチームメイトが認めることなどない。ときどき自由放任主義の監督が出てくるが、それでは選手が自由をはき違えるのが関の山だろう。

少なくとも、チームであり組織である以上、まわりの者が不快にならないだけの、最低限の社会常識やルールは身につけさせておかねばならないのは当然のことだ。大リーグのヤンキースも規律を重んじて長髪やひげは禁止と聞く。強豪と呼ばれるチーム、伝統あるチームは、人間的な節度や心構えについても厳しく律しているものなのである。節度感覚、ルール感覚を備えていることは人間として最低限大事なことである。

野村の言葉

自分の眼力を信じて、適材適所で人を使うということが大切だ。

論語●子路《しろ》 第十三●

仲弓《ちゅうきゅう》、季氏《きし》の宰《さい》と為《な》りて、政《せい》を問う。子曰わく、有司《ゆうし》を先にし、小過《しょうか》を赦《ゆる》し、賢才を挙ぐ。曰《い》わく、焉《いずく》んぞ賢才を知りてこれを挙げん。曰わく、爾《なんじ》の知れるところを挙げよ。爾《なんじ》の知らざるところ、人それ諸《これ》を舎《す》てんや。

仲弓為季氏宰、問政、子曰、先有司、赦小過、挙賢才、曰、焉知賢才而挙之、曰、挙爾所知、爾所不知、人其舎諸、

【通解】

仲弓、季氏の執事となったので、政治とは何かを尋ねた。先生はお答えになられた。「部下の役人たちを適材適所に配置することをいちばん先にして、小さな過ちなどは許し、すぐれた才能ある者を抜擢しなさい」仲弓は、さらに尋ねた。「どのようにして、優れた才能を見つけ、登用したらよいでしょうか」先生は答えられた。「おまえの知っている才能を取り上げればいいのです。おまえの知らない人間に才能があるとすれば、人々がほうっておくはずがないからね。きっとおまえの耳にその才能の噂が届きます」

私がヤクルトの監督をやっていた一九九五年の開幕直前、近鉄が突然、西村龍次《たつじ》と吉井理人《まさと》（現・日本ハム二軍投手コーチ）の交換トレードを申し込んできた。吉井は八四年、ドラフト二位で近鉄に入団し、抑えの投手としてそれなりに活躍した選手だった。だが、トレード話がもち上がった当時は、登板機会もほとんどなくなり、「もう終わっている」とささやかれていた。だが、私は使いようによっては、まだまだ活躍できると踏んでいた。一方、西村は九〇年、ヤマハを経てドラフト一位でヤクルトに入団。百五十キロ近い速球を武器に一年目から二桁の勝利を挙げるなど活躍していたが、コントロールに不安があるうえに、バントさせてもボールがバットをかすらないほどバッティングがひどく、私は常々、彼自身の今後を考えてもDH制のパ・リーグ向きだと思っていた。そんなわけで、私はトレードに応じることにしたのだが、マスコミからは「ヤクルトは損をした」と、さんざん書き立てられることになった。だが、私の見立ては正しかった。

私は吉井に「球種をひとつ覚えなさい。それもいまの持ち球とペアになる球をもちなさい」と、変化球をひとつ増やすことを勧めた。そしてシュートを覚えたことでスライダーとワンペアができた。次に彼はフォークを投げ始めた。それとストレートと組んでツーペア目ができた。シュートは右打者に内角を意識付けることから、外角の有効性が増すことになる。さらに、私は「少しでもその球が効力を増すような投げ方を考えなさい」とアドバイスした。打者によってプレートを踏む位置を変える。左投手が左打者に対するときは当然プレートのいちばん一塁寄りを踏んだほうが打者は嫌なものだ。

その吉井はヤクルトに入って先発として活躍したばかりか、三年連続二桁勝利を挙げ、優勝に貢献することとなったし、四十代になるまで活躍した。こうした指導は吉井に限ったことではなかった。

こういう投球をすればまだまだ抑えられるといった「信」を与え、選手の考え方を変えることで、その選手の能力を引き出すのだ。それがチームの成績に反映されていくと選手もどんどん楽しくなるし、力を発揮するようになる。それと同時に、「野村さんの下に入ったらまた一軍で活躍できる」という噂が広まっていった。そのおかげで、入団テストをやるといろんな選手が集まってきた。

投手では、峰山高校の後輩で、横浜、西武を経てヤクルトに入団してきた広瀬新太郎や、元巨人の広田浩章《ひろあき》（現・ソフトバンク打撃投手）らが復活した。野手では西武からやってきた辻発彦、横浜、巨人を経て入団してきた大野雄次、広島からやってきた小早川毅彦などがいた。

彼らはいずれもトレードで獲得したわけではなかった。いずれももう戦力としては必要ないと判断され、自由契約になったり、コーチ転身を勧められた選手だった。だが、まだ現役に未練があると拒否し、特に辻や小早川はコーチとして残れる将来の保証を蹴ってまでヤクルトで現役を続けることを望んだのだ。

私が辞めた後も、戦力外となった多くの選手が入団してきたが、たぶん古田の考え方などが影響していたのだろう。その古田がブルペンで「ストライクゾーンにさえ投げてくれれば、おれが何とかしてやる」と、私が現役時代にいっていたのと同じことをいっているのをテレビで聞き、苦笑いをしたものだ。

自分の眼力を信じて、適材適所で人を使うということがいかに大切かということだ。

野村の言葉

やる気がもてる組織になれば、自然と人材も集まってくる。

論語●子路　第十三●

葉《しょう》公、政を問う。子曰わく、近き者は説《よろこ》び、遠き者来たらん。

葉公問政、子曰、近者説、遠者来、

【通解】

葉の君主さまが政治のやり方について尋ねられた。先生はおっしゃった。「まわりの人が喜んでなついてくるようなら、遠くからでも人は自然に集まってくる」

一九七二年には一勝もできなかった巨人の山内新一と松原明夫（福士敬章《ひろあき》）を、富田勝《まさる》との交換トレードで南海に移籍させたのは七三年のことだった。そして、松原は七勝、山内は二十勝も挙げる大活躍をした。また広島で一時期、最多勝のタイトルを獲得しながら、交通事故にあった金城基泰《かねしろもとやす》という下手投げの投手がいた。彼はその後復帰したものの、事故前のような活躍はできなかった。そのため、七七年、南海にトレードに出されたが、南海でリリーフに転じ、七九年と八〇年にはセーブ王となった。選手生命が終わったといわれていた男が、またトップクラスに戻ったのだ。そして、いつしか「野村再生工場」などと呼ばれるようになっていた。

そうやって結果を出していくうちに選手は自信をつけていく。プロに入ってくる投手というのは、ある程度実力はある。要は何かの拍子で自信を失ってしまったり、あるいはまわりのすごい選手に圧倒されて、地に足がつかないまま野球をやっていただけだ。だから、ひとつふたつ白星がつくだけでふだんの態度まで見違えるように変わっていく。

また、「野村再生工場」と呼ばれるようになったこともプラスだった。

選手たちの目つきも変わってきた。「まだ、おれにもやれるかもしれない」と強い意識をもつようになったのだ。やる気がもてる組織になれば、自然と人材も集まってくる。

野村の言葉

鉄は熱いうちに打て。

論語●子路 第十三●

子曰わく、君子は事《つか》え易《やす》くして説《よろこ》ばしめ難《がた》きなり。これを説《よろこ》ばしむるに道を以てせざれば、説《よろこ》ばざるなり。その人を使うに及びてや、これを器《うつわ》とす。小人は事《つか》え難《がた》くして説《よろこ》ばしめ易《やす》きなり。これを説《よろこ》ばしむるに道を以てせずと雖《いえど》も説《よろこ》ぶなり。その人を使うに及びてや、備わらんことを求む。

子曰、君子易事而難説也、説之不以道、不説也、及其使人也、器之、小人難事而易説也、説之雖不以道、説也、及其使人也、求備焉、

【通解】

先生はおっしゃった。

「君子の下で働いてお仕えするのは、さほど難しいことではない。しかし、君主を喜ばせるのは難しい。なぜなら、君主は道理を知っている、理性ももち合わせている。そんな人に、道理も理性もなく、ただ喜ばそうと思っても無駄である。そして君主は人を使うときには、相手の特別な才能をまるで器具として使う。

逆に、小者のもとで働くのは難しくない。喜ばせるのも簡単です。なぜなら、道理や理性がなくとも、単純に喜ぶからです。しかも小者は、人を使うにあたっては、すべての点で、その人が完全であることを求めます」

長年、監督として働いてきたなかで、選手の育て方で反省することも少なくない。

一九九〇年、ヤクルトの監督に就任した私は、「ＩＤ野球」を掲げて、ヤクルトのチーム改革に取りかかった。

だが、結果はリーグ五位に終わった。

翌年、捕手として徹底的に鍛えて成長した古田敦也や、控え捕手から二塁手にコンバートした飯田哲也、シンカーを自分のものとしたピッチャー高津臣吾らの活躍でAクラスの三位に押し上げた。だが、まだ優勝はできず、球団から私に求められる要求もより厳しいものとなりつつあった。

そんななか、一九九一年のドラフト一位で東京学館浦安高校から入団してきたのが、石井一久（現・西武）だった。

石井は高校時代から百五十キロ近い球を投げていた。当然、期待もしてしまう。「こいつにやってもらわなきゃ」という気持ちもあった。それに「投手というのは、やはり気分よく心身ともにベストの状態でマウンドへ送ってやるほうが力を発揮する」とも考えた。

だが、失敗だった。そんな私の考えが彼を甘やかしてしまった。

石井は入団一年目の途中から一軍に上げて十二試合に登板、私自身、まだ早いなという気持ちを常にもちながら、二年目からローテーションの一員として投げさせたが、十九試合に投げ、三勝（一完投）を挙げた。

それが失敗だったのかもしれない。鉄は熱いうちに打てというが、やはり打っておくべきだった。

彼自身、もって生まれた性格は悪くないのだが、好不調の波が激しく、運、不運、あるいはいつもはストライクを取ってくれるコースを審判にボールといわれたりすると、ちょっとしたことで崩れ、イライラして自分を見失ったようになってしまうのだ。

その後、石井は二〇〇二年、ロサンゼルス・ドジャースに移籍し三年間で三十六勝を挙げる活躍も見せたが、ニューヨーク・メッツに移った〇五年には三勝を挙げるにとどまり、〇六年、古田敦也が選手兼任監督に就いたヤクルトに復帰した。

さらに彼は、〇九年に西武に移籍し頑張ってはいる。だがもし、人間形成がしっかりできていれば、メジャーでもっと活躍できたのではないかと思うし、彼の人生はもっとすばらしいものに変わっていたかもしれない。彼のすばらしい才能を考えると、少々残念である。

野村の言葉

信は万物の基《もとい》を成す。

論語●衛霊公《えいれいこう》　第十五●

子曰わく、君子、義以て質と為《な》し、礼以てこれを行ない、孫《そん》以てこれを出《い》だし、信以てこれを成す。君子なるかな。

子曰、君子義以為質、礼以行之、孫以出之、信以成之、君子哉、

【通解】

先生はおっしゃった。

「君子たる立派な人物は、まず正義を己れの内部の本質となし、礼節をもって実行し、謙遜《けんそん》によって言葉を表現し、信義によって完成する人です」

私は、強い組織、伸びる組織をつくるには、人と人がつながりを深め、お互いを〝信頼〟することから始めなければならないと思っている。

では、その〝信頼〟は何から生まれるのか。それこそ、孔子のいう「正義」「礼節」「謙遜」「信義」なのではないだろうか。

役職が上だからといってその人物のいうことが正しいわけではない。

他人のいいところを認め、礼節を尽くさない人間には誰もついていかない。いい成績を残し、年俸が高いからといって、謙遜を忘れ、傲慢な態度をとるような人間と一緒に仕事をしようと思う者もいない。

また、「信は万物の基《もとい》を成す」ともいう。

信頼、信用、信念、確信……つまり、相手を信じること、そして自分を信じることだ。すべては、「信じる」ことから始まる。

たとえば、私は、「こいつは我慢して使えば伸びてくる」と思えば、多少結果が伴わなくても、「おまえを信頼してなきゃ使えないだろ」といって使い続ける。

するとお互いのあいだに真の信頼が生まれ、その信頼に応えようという気持ちが出てくる。その気持ちが選手をより努力することに向かわせ、チームに欠かせない大きな存在に育てていくことになる。

野村の言葉

データをもとに、上司と部下の価値観を共有し、上司と部下の思考を一致させよ。

論語●衛霊公　第十五●

子曰わく、君子は言《げん》を以て人を挙《きょ》せず、人を以て言を廃《はい》せず。

子曰、君子不以言挙人、不以人廃言、

【通解】

先生はおっしゃった。

「君子たる立派な人物は、人の言葉でその人を推挙したりはしない。また、その人に対する漠然とした評価で、その人を斬り捨てたりもしない」

これは、指導者たる者は、「簡単に人の評価を信じるな。その者をじかに見よ」ということだろう。

かつてのプロ野球では実にあいまいな根拠で相手チームの戦力や相手選手のクセなどを分析していた。つまり、漠然とした評価をもとに相手を攻略するための作戦を立てていたのだ。そこで私は、ヤクルトの監督になってすぐに、スコアラーのデータ改革に着手した。

具体的にはスコアラーの提出するデータを細分化したのである。本書の巻末に載せた図である。たとえば縦横各三マスの計九マスが当たり前だったストライクゾーンを、縦横五マスの計二十五マスにし、その他、ボールゾーンも左右高低に二マスずつ取って、合計八十一のマスをつくらせた。そして、この八十一のマスを使って、打者によっての空振りゾーン（通常内寄りの高めボールゾーンへの直球）、ゴロゾーン（内外角、ベース上の低めいっぱいへの変化球）、ファウルゾーン（ストライクゾーンからボール一個分内角への変化球）を分析させた。

たとえば、A選手は、「（左打者の外角の）三十三〜三十七は手を出しませんが、ボールひとつ甘く入った四十三〜四十七はホームランゾーンです」というように、相手の選手ごとに分析するようにしたのだ。

本来ならば、相手チームのすべての選手を実際に自分の目で見てチェックしたいところだが、それはさすがに不可能だからデータをより精密にすることで、漠然としていた評価をより精密な評価へと進化させたわけである。

チェックするのは打者だけではない。投手のピッチングの傾向、クセの発見、牽制球の傾向、たとえば、何球まで続けて牽制球を投げてくるかも調べ上げた。

さらには捕手の配球の傾向（クセや習性）も徹底的にチェックした。

たとえば、配球にはカウント〇-〇から二-三まで全部で十二種類あるが、ボールカウント別の配球にどんな傾向があるかを割り出した。また、打者が大きく空振りしたときや甘いまっすぐを見逃した後、あるいは打者が思いきって引っ張ってファウルした後に、ピッチャーにどんな球を要求するかなどもチェックした。そういう捕手を悩ませる場面では捕手の習性が出やすく、配球が偏《かたよ》ることが多いからだ。

結果的に、わずか数年でスコアラーが集めたデータは膨大な量となり、スコアラー個人が下す評価より、客観的なデータを得られるようになった。それが野村ＩＤ野球のベースとなったわけである。

もちろん打者にとっては相手ピッチャーが投げてくる球種が百パーセントわかれば打ちやすいに決まっているが、現実は何を投げてくるかわからない。もちろん、データの必要性は、いうまでもなく「知らないより知っていたほうがいい」というレベルにすぎないという指摘もあるだろう。だが、より詳しいデータをとることによって、どんな球が来るかの〝予測確率〟は間違いなく上げていける。

そして私は、データをもとに、「ツボ」「コツ」「注意点」の三つのポイントで選手を指導していった。たとえば、カウント一－二の場面で、「あのキャッチャーは変化球が多いぞ」などと選手らに耳打ちするのだ。あるいは、選手に試合を見させるときでも、データから割り出した「ここを見ておけ」というツボや技術面のコツ、「これだけは注意しろ」という注意点などを伝えるようにした。そうすると、選手は思いきってヤマを張ったり、あるいはその球を打ちやすいようにバットを出す方向を決めることができる。

そして打率は上がり、その選手の成績を上げる手助けになると同時に、チームの勝率も上がっていき、後は放っておいても、チームはいい方向に向いていった。

つまり、データをもとに、上司と部下の価値観を共有し、上司と部下の思考が一致するようになったわけだ。そして、ツボやコツの蓄積が選手の自信となり、うちの野球は違うんだという優位感に変わり、さらには自ら思考するようになった。それがチームの財産となっていったのである。

野村の言葉

人を単純にけなしたり、誉めたりしてはいけない。それがチームに一体感をもたらす最善の方法だ。

論語●衛霊公　第十五●

子曰わく、吾《われ》の人に於《お》けるや、誰《たれ》をか毀《そし》り誰をか誉《ほ》めん。如《も》し誉むべき者あらば、それ試みるところあり。この民や、三代の直道《ちょくどう》にして行なう所以《ゆえん》なり。

子曰、吾之於人也、誰毀誰誉、如有可誉者、其有所試矣、斯民也、三代之所以直道而行也、

【通解】

先生はおっしゃった。

「私の人にたいする基本的姿勢として、気ままに誰かを非難したり、誉めた

りするということはありません。もし誉めた相手がいたら、理由があることを証明するために、何か試験をやらせてみます。いま目の前にいる人々にも、くさすとか誉めることもしません。この三代、夏《か》、殷《いん》、周《しゅう》とまっすぐな道で暮らしてきた人たちに、どうしてそんなことができましょうか」

野球がチームスポーツである以上、一致団結感、まとまりは必須条件だ。極端にいえば、それだけを前提にして取り組んでいければ、組織としてチームは機能する。組織全体の意識の〝まとまり〟がもっとも大切なのであって、すばらしい素質をもった選手を一番から九番まで集めても、必ずしも〝まとまり〟を上回るわけではない。

確かに四番打者は欲しい。プレーだけでなく、人間的にもチームの鑑《かがみ》になる人間ならなおさらだ。それもみんなが「あの人に回そう」「あの人に回したら何とかしてくれる」と思えるようなリーダーならばいうことはない。それに加えて、クリーンアップを組む三番、五番の存在も大きい。だが、それ以外に秀でた打者は必要ない。むしろ、しっかり守って、そこそこ足があり、チームのために黒子に徹し切れる選手がいれば十分だ。結局、人を単純にけなしたり、誉めたりしない。それがチームに一体感をもたらす最善の方法なのである。

あとがきに代えて　「孔子の生涯」

（文責　編集部）

野村監督が実践してきた「己れを高める人間力」「リーダーの条件」「本物の師の見つけ方」など、これまで個別に語られることの多かった哲学が、本書で見事に統一された。これ一書を以てすれば、野村監督の「言葉」が二千五百年前の『論語』と響き合って、かくも現代に生きる者の胸を打つ。熟読玩味《がんみ》していただきたい。

最後に「論語はいかにして成ったか」「孔子の生涯」について略述して参考に与《くみ》したい。

聖者のイメージで語られる孔子は、烈《はげ》しく生々《なまなま》しい人生を送った。

権力闘争を繰り返し、失意の流浪を余儀なくされ、反対勢力の男を謀殺している。背景には、血族集団が戦いに明け暮れて剝《む》きだしに生きざるをえない時代があった。

紀元前五五〇年ごろ、古代国家・周王朝の時代である。

王朝といえど、王に絶大な権力はなかった。国の形は、家族親族でつながった血縁集団→氏族→小領主→中領主→大領主という順で、もっとも強大な大領主が周国の王を名乗った。

だが、基盤は脆弱《ぜいじゃく》だった。そのために各地の領主＝諸侯に独立行政を許さざるをえなかった。中央集権の国家ではなく、独立諸侯に取り巻かれた国の形である。当然、諸侯は国を乗っ取る機会を虎視眈々《こしたんたん》とうかがう。群雄が割拠する戦国時代である。

この戦乱を統一して国を成したのが始皇帝だった。地方行政を諸国にゆだねず、直属の部下に託した。これにより、中国に初めて強大な中央集権国家が成立した。秦《しん》といった。

孔子の生まれた頃の周では、群雄の小国家同士にとどまらず、領国の内部でも、家臣同士、家臣と君主のあいだで激しい内訌《ないこう》が相次いだ。

孔子は、農民の父の、野合《やごう》に近い再婚で生まれた。母は農民ではなく、葬儀祈禱《きとう》を職能とする集団の出身だった。礼式や作法、文字の習得が必要な仕事である。

孔子はそうして土を耕す父から家族主義を、礼式作法にのっとり文字をあつかう母から知識を身につけた。いわば、後年の儒教思想の基である。

儒教の根幹は、家族、氏族、祖先を祀《まつ》ることである。ここから、親子の関係が最重要視され、子孫繁栄、親への敬愛という孝が尊ばれることになる。孝は、やがて親ばかりか、目上の者に対する道徳をいうようになった。最終段階として、国家がある。

孔子は、この思想体系を弟子たちに伝えた。

諸侯同士が争い、家臣同士が血を流し合う時代に、父祖、家族、上長を思いやり、国家の安泰を希求する体系である。この骨格を支える血や肉が、『論語』のなかで徳、仁、恕《じょ》の言葉で頻出する。いずれも、社会のなかで個人が備えなければならないキーワードである。

孔子はこれを簡明に伝えた。徳は理想に向かって己れを養い、実現していく能力をいう。仁は人間が本来備えている自然な親愛の情をいい、恕は大目に見る、許すという意味である。

これらの語はいずれも、戦乱を繰り返して憎しみ合う時代のアンチテーゼだった。

礼式、作法を身につけた母との生活で孔子は「吾、十有五にして学に志す」。家族は、姉が大勢いたという。二十歳になって、故郷・魯《ろ》の村の役人（委吏）になった。穀物倉庫の管理をし、荷の出入りを会計する係である。この役職には贈収賄がついてまわったが、孔子は染まらず信用を得て、次に家畜の管理者となった。司職吏といった。牛馬は、交易に重要なツールである。もちろん食糧にもなる。

このころ結婚した。結婚し子を成して孔子は、孔家の主《あるじ》となった。孔一族はいまに連綿と続いて四百万人がいる。結婚後、孔子はさらに学問をし、職を得るために故郷の小国・魯から周国の王の住む都に留学した。だがそこで目にしたのは周のおとろえる姿だった。

「三十にして立つ」——孔子は周を思ううちに、国の成り立ち、国家はいかなる形をつくればよいのか学ぼうと考えた。四十三歳のとき、魯国に帰って学校を開き、弟子を集めた。

「四十にして惑わず」——帰った魯国もまた荒れていた。国のなかに三桓《さんかん》とよばれる三人の小領主がいて、それぞれすくみあっていた。

統括する魯国の君主は、夜も安んじて眠れない。孔子という者が弟子を集め、国の姿を勉強し、政治的人材を育てている。その話を聞いて君主は孔子を呼んだ。

仕えることになった孔子は、地方行政長官から昇進し、警察長長官を兼ねる法務大臣になった。司寇《しこう》である。

反対勢力の人物を謀殺したのは、このときだった。このあたりの孔子は、生々しく生きたというより血なまぐさい。

政治的対立者を亡き者にした。見せしめに、遺体を見物人の前に三日間さらした。

「五十にして天命を知る」——絶対権力を握って使命感に沸きたったころである。

だが、栄耀と権勢は長く続かない。安定経済を主張したが、成長経済をとなえる反対勢力にやがて徐々に押し返される。

弟子たちは、師に新天地を求めるよう進言する。天命を知った。五十五歳だった。

それから長くさまよう。

徳、仁、恕をとなえてまわった。

だが、理想や人間らしい思いが通用する時代ではない。天下もいまだ統一されていない。頼むのは、力だった。隣国が攻め入ってきたときに跳ね返す軍事力である。弱体となり隙《すき》を見せた隣国にはただちに攻め入らなければならない。それでもなお、孔子は徳、仁、恕といった。

まわった先の諸侯も家臣も、そんな寝言は耳に入れない。孔子は失意し続ける。土地の軍隊や賊に襲われる。弟子たちは武器をもって戦った。食糧もなく飢えでさまようこともあった。

十五年の歳月をそうして流浪に過ごした。

徳、仁、恕を説いてまわったが、静謐《せいひつ》に生きたわけではない。小国、大国問わず、己れの力量を用いてくれる君主を求めた。苦闘苦難の十五年という長い歳月だった。弟子たちもよく耐えた。孔子の元を離れなかった。それだけの人間的魅力があったともいえるし、グループで結束しなければ生きづらい時代であったともいえる。

ようやく孔子集団は祖国・魯にもどった。孔子は六十九歳になっていた。

「六十にして耳順《みみしたが》う」

魯では政治への野心は断ち、学問教育に専心した。もはやその年齢で、中央で活躍することはかなわない。弟子を取り、己れの問答を伝えるのがもっとも価値ある生き方である。

うわさを聞きつけた弟子たちがまた新しく集まってきた。彼らはいわば後期の弟子である。放浪前に集まり、共に辛酸をなめた弟子は前期の者たちといえる。

その前期後期の弟子たちのうち『論語』で何度も問答を繰り返して、目につく者がいる。

顔回《がんかい》は、前期の者で弟子随一の秀才だった。清貧で仕官を望まなかった。三十歳で死に、孔子は涙を流して天を仰いだ。

子路《しろ》も前期の者で、弟子のなかでもっとも多く『論語』に登場する。学問は苦手だったが、武に生き、勇敢豪胆だった。

後期の子夏《しか》は、学問に通じていたが、消極的でたびたび孔子の手を焼かせた。

「七十にして心の欲する所に従いて、矩《のり》を踰《こ》えず」

七十になって私は心のままに行動しても、礼儀規則にはずれることがなくなった。

だが、礼儀規則にははずれなかったが、最晩年近く、長くつき従ってきた弟子たちに逝かれて悲しみに暮れた。そして七十四歳で没する。苦しみの多い問答、修養を重ねた生涯だった。

『論語』はひとり想念をめぐらして成ったのではない。出生の秘密、権力闘争の成功失敗、失意の流浪、すさまじい野心と闘争、弟子の糾合《きゅうごう》離反という生々しい現実に直面して成立した。そして弟子たちとの問答が、自然に体系になった。儒教と呼ばれる体系である。儒教は、父祖から子孫へ続く家族主義と生命の連続性を説いて、二千五百年後のいまも生きる。

＊〈参考文献〉●貝塚茂樹著『論語〈Ⅰ・Ⅱ〉』（中公クラシックス）●吉川幸次郎著『論語〈上・下〉』（朝日選書）●荻生徂徠著・小川環樹訳注『論語徴〈１・２〉』（東洋文庫）●宇野哲人著『論語新釈』（講談社学術文庫）●孔祥林著『「日中英」語で論語』（小学館文庫）●坂田新著『故事ことわざで読む論語』（小学館）

＊原文の中国語は、編集部が参考文献それぞれの長所を取り入れたうえで構成したものです。また日本語読み及び通解は、一般的な読み方・解釈を伝えることに主眼を置き、前記文献を参考にして、元の意味を正しくわかりやすくするように配慮しました。

※本文中のデータや肩書き等は二〇一〇年十月末日現在のものです。

装丁・目次・章扉デザイン／泉沢光雄
本文デザイン・ＤＴＰ／笠井克己（ザ・ライトスタッフオフィス）
編集協力／河野浩一、野口孝行（ザ・ライトスタッフオフィス）
校　正／根本明、尾澤孝

キャッチャーから見た左右各打者のバッティングゾーンを９×９＝８１マスのゾーンに分けて、打者の得意、苦手コースを分析する。図のアミかけ部分は、多くの打者に共通するもの。

野村ＩＤ野球のベース

「バッティングゾーン解析マトリックス」

本書のプロフィール

本書は、２０１０年11月に小学館より刊行された『野村の実践「論語」』を文庫化したものです。登場する方々の肩書きや年齢、チームの戦績やデータなどは、２０１０年10月当時のものです。

小学館文庫

野村《のむら》の実践《じっせん》「論語《ろんご》」

著者　野村克也《のむらかつや》

二〇一七年十月十一日　初版第一刷発行

発行人　鈴木崇司
発行所　株式会社 小学館
〒一〇一－八〇〇一
東京都千代田区一ツ橋二－三－一
電話　編集〇三－三二三〇－五五六八
　　　販売〇三－五二八一－三五五五
印刷所――――大日本印刷株式会社

ISBN978-4-09-406467-4